**Instituto Andaluz de las
Artes Plásticas y Visuales**

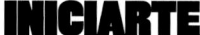

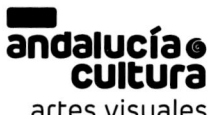

artes visuales

AF283035

LA DISTANCIA ENTRE
OBJETO Y SUJETO
María Rosa Aránega

**Junta
de Andalucía** | **Consejería de Cultura
y Deporte** | Agencia Andaluza de
Instituciones Culturales

JUNTA DE ANDALUCÍA

Consejera de Cultura y Deporte
Patricia del Pozo Fernández

Vicelonsejera de Cultura y Deporte
María Esperanza O'Neill Orueta

Secretario General de Innovación Cultural y Museos
José Ángel Vélez González

Delegado Territorial de Turismo, Cultura y Deporte
en Almería
Juan José Alonso Bonillo

Gerente de la Agencia Andaluza de Instituciones
Culturales
Francisco Javier Rivera Rodríguez

Directora del Instituto Andaluz de las Artes Plásticas
y Visuales
Lorena Codes Romo

PROGRAMA INICIARTE

Agencia Andaluza de Instituciones
Culturales

Comisión de Valoración de Proyectos
2024:

Arturo Comas, Jorge Yeregui,
María Cañas, Leonor Serrano y
Óscar García García

EXPOSICIÓN

Instituto Andaluz del Cine y la Fotografía
Centro Andaluz de la Fotografía

Director
Juan María Rodríguez Caparrós

Producción
Agencia Andaluza de Instituciones
Culturales

Eva González Lezcano
Isabel Villanueva Romero

Montaje
Omeya Vanguardia S.L.

CATÁLOGO

Edición
Consejería de Cultura y Deporte. Junta
de Andalucía

Textos
María Arregui Montero

Traducción
Deirdre B. Jerry

Fotografías
Chema Artero y María Rosa Aránega

Diseño editorial
María Rosa Aránega
Francisco José Romero Romero
Agencia Andaluza de Instituciones Culturales.
Diseño

Producción
Agencia Andaluza de Instituciones
Culturales

Imprime
Innovación y Cualificación S.L.

ISBN 978-84-9959-517-7

Depósito Legal: SE 529-2025

Índice

La distancia entre objeto y sujeto es una propuesta artística incluida en el programa Iniciarte del Instituto Andaluz de las Artes Plásticas y Visuales de la Agencia Andaluza de Instituciones Culturales, dependiente de la Consejería de Cultura y Deporte. Este programa promueve la creación contemporánea joven en Andalucía mediante el desarrollo de proyectos expositivos que contribuyen a visibilizar el arte más reciente.

María Rosa Aránega trabaja en el ámbito de la investigación histórica y la narrativa especulativa, que dan forma a sus proyectos artísticos más recientes. La base de su práctica artística se encuentra en el uso de fotografías familiares antiguas, de autoría desconocida, que le inspiran para crear historias personales y colectivas sobre el pasado histórico más reciente de España, a través de la técnica del dibujo. Sus obras mantienen la dimensión real de las fotografías, de esta forma, la conexión entre el pasado y el presente se vuelve fluida.

Patricia del Pozo Fernández
Consejera de Cultura y Deporte
Junta de Andalucía

Fragmentos de una memoria muda

"Las vidas de mis abuelas ni siquiera las puedo imaginar (...), son vidas extrañas para una sociedad que sólo recuerda lo que puede ver". La artista María Rosa Aránega recurre al tópico del 'fuera de foco' para rellenar los huecos de la memoria colectiva a partir del relato particular de unas fotografías anónimas, encontradas en un rastro de Córdoba, que remiten a un pasado del que Aránega sólo tiene conocimiento a través de la oralidad, pues su familia carece de registro gráfico.

En un ejercicio de alteridad, la artista convierte esas imágenes planas, sin contexto ni relato, en una lanzadera narrativa, un punto de partida para reconstruir la historia, transmutando en palabras las fotos que nunca se hicieron. La palabra es un arma cargada de futuro. El dibujo y el collage, además de un videoensayo, le sirven a la artista para desnudar una inocente escena familiar –ajena al contexto histórico, muda– y completarla con fragmentos de una realidad menos amable. Los que no salen en la foto aparecen representados en esta crónica de diferentes maneras: a través de reflexiones de la artista, con fragmentos de anuncios publicitarios, sellos de la época y otros objetos rescatados del pasado.

La exposición plantea una discusión clásica, pero no por ello menos vigente: la memoria existe en la medida en que puede ser conservada, esto es, archivada y transmitida a través de generaciones. Es lo que sobrevive al tiempo. Por tanto, plantea Aránega, quienes controlan los medios de almacenamiento y difusión de esos recuerdos serán también los propietarios del discurso oficial.

En *La distancia entre objeto y sujeto*, María Rosa Aránega nos muestra, al modo de Magritte, que las imágenes nos traicionan y que no siempre pesan más que mil palabras. En la era de la sobreexposición del yo, cuando apenas se puede distinguir lo real de lo que nos cuentan las pantallas, cuestionarse acerca de los elementos que construyen la memoria y la identidad de una comunidad, adquiere un sentido nuevo y necesario.

María Rosa Aránega, cuya trayectoria rezuma interés por el tema de la memoria histórica en trabajos diversos pero convergentes en la búsqueda de las voces que quedaron mudas, responde a esta convocatoria Iniciarte del Instituto Andaluz de las Artes Plásticas y Visuales con un excelente compromiso con la técnica y los formatos clásicos, más allá de expandir un estilo personal que ya la identifica como uno de los talentos sobresalientes de las generaciones más jóvenes de artistas andaluces.

Lorena Codes Romo
Directora del Instituto Andaluz de las Artes Plásticas y Visuales

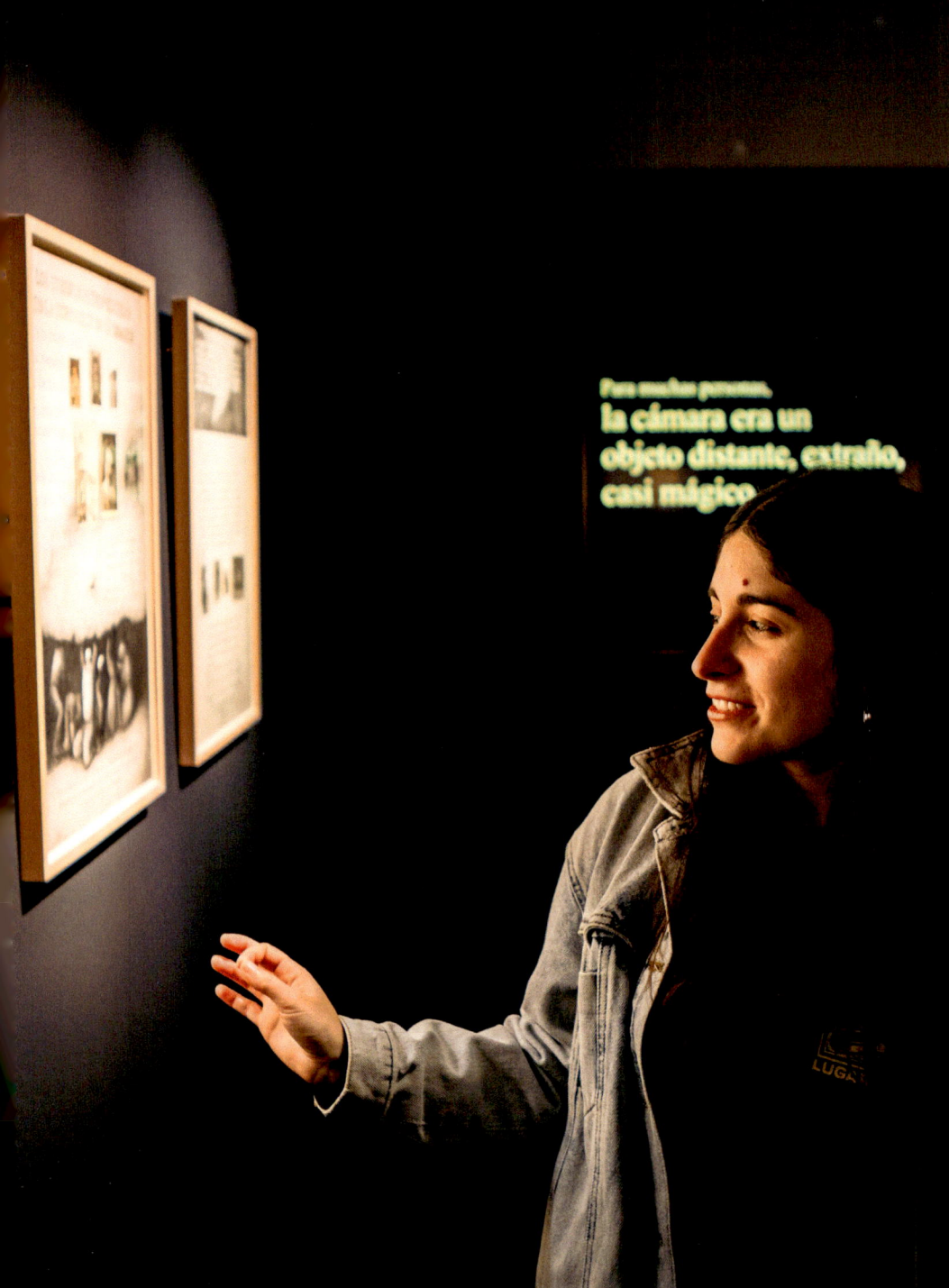

Para muchas personas,
la cámara era un
objeto distante, extraño,
casi mágico.

La distancia entre objeto y sujeto

«La melancolía se nutre de su propia impotencia»[1]

Jacques Rancière

Si hay algo que pueda dar sentido a una obra de arte, es su contexto. La artista María Rosa Aránega (Almería, 1995) adquirió en el año 2018 un álbum de fotografías en el rastro de Córdoba. En él aparecen las fotografías de una familia, siendo el hilo conductor un joven, anónimo, que suele mostrarse en las imágenes con una cámara fotográfica. Este álbum ha acompañado a Aránega a los diferentes lugares en los que ha vivido, bajo la certeza de la artista de que, en algún momento, esas imágenes tendrían algo que aportar a la percepción que tenemos de la historia reciente de este país. La relevancia de este álbum reside, entre otras cuestiones, en que interpela a María Rosa en tanto que, en su historia familiar, los registros fotográficos brillan por su ausencia. En *La distancia entre objeto y sujeto* propone una comparativa entre los diferentes modos de creación en cuanto a relatos familiares se refiere. La familia de este álbum cuenta con un rico registro fotográfico pero carece totalmente de su contextualización, mientras que otras familias, como la de la propia artista, cuentan con una escasa o inexistente herencia fotográfica de sus familiares, pero sí con una riqueza en su tradición oral que les ha permitido a ella y a su entorno mantener viva una identidad y un sentimiento de pertenencia a una historia. En este proyecto, además, María Rosa Aránega nos invita a replantearnos varios conceptos, como el de memoria, familia o tradición; incluso con la idea de conciencia de clase.

La artista ha convivido con estas imágenes desde 2018, es decir, seis años custodiando un legado fotográfico sobre un hombre que desconoce completamente pero que ya no le es ajeno. Y a partir de ahora, tampoco lo será para nosotros. Pero, a pesar de que no podemos conocer los pormenores de su vida, sí se puede hacer un análisis de la sociedad en la que la desarrolló. María Rosa expresa sobre este álbum que *«releerlo me exige releer toda la época»*, y en esa relectura, otorga un nuevo orden a las imágenes, distinto al que se encontraban originalmente, porque la veracidad de la historia familiar realmente no es la prioridad ni el objetivo, sino que lo es la creación de elaborar

---

1 RANCIÈRE, J.,2010, "Las desventuras del pensamiento crítico", en *El espectador emancipado*, Vilaboa, Pontevedra: Ellago, pg. 42.

una nueva narrativa para invitar a reflexiones sobre la España del momento. Muy probablemente, por algunas fechas anotadas tras las fotografías, algunas de ellas se realizaron y/o revelaron en torno a los años cincuenta. Nuestro protagonista aparece en situaciones cotidianas, con sus amigos, feliz, en entornos desenfadados pero siempre con una apariencia cuidada. A medida que avanzan las páginas, se observa cómo el hombre evoluciona en su vida, como cabía esperar en cualquier joven de su época: aparece una mujer que termina siendo su esposa y, con el tiempo, aparece el bebé. Una niña cuya infancia queda muy bien documentada, siendo curioso que el álbum concluye con una fotografía de ella ya convertida en mujer. Ahí es donde parece terminar su historia. Y donde comienza *la distancia entre el sujeto y el objeto*.

El proyecto consta, por un lado, de un grupo de siete piezas donde la autora pone en diálogo algunas fotografías del álbum con dibujos que ella misma incluye y que invitan al espectador a cuestionarse cualquier idea inicial que, *a priori*, nos sugieran estas fotografías. Todo ello, acompañado por una serie de textos que reflexionan y aluden a la disparidad y desigualdad social existente en la España franquista. Por otro lado, un díptico compuesto por fotografías ajenas al álbum y recortes de revistas con publicidad y propaganda cargada de discursos misóginos y violentos; sin embargo, las ideas sugeridas pasan a ser explícitas y conducen al desconsuelo en el último de los dibujos, donde se alude la única fotografía de fusilados cordobeses tomada en el momento previo a la masacre. Esta instantánea, tomada el 25 de junio de 1936, muestra a los presos con los brazos en alto y totalmente indefensos, y en cuyo pie de página se lee la deplorable justificación de tal acto: *«la limpia de marxistas»*. Por último, un vídeo donde la artista narra en primera persona sus propias reflexiones e ideas surgidas en el proceso de investigación y que, como ella misma menciona, *no cabían dentro de un dibujo*.

No existe la neutralidad en la imagen porque no existe la neutralidad en la mirada. María Rosa Aránega menciona que solo se atiende a aquello que es visible, por eso el hecho fotográfico también es un hecho político, porque habla de una posición social y de unas posibilidades económicas que abrían un abismo entre las personas de una misma comunidad, y solamente ponemos rostro a aquellas personas que económicamente podían permitirse trascender a través de su imagen. No son estas personas en sí mismas las responsables, pero sí nos demuestran que la historia se basa en aquella que es narrada obviando la que se silencia. Aránega lo expresa muy claramente: *«La cámara como herramienta de captura del instante no era neutra. Quienes accedían a ser fotografiados a inscribirse en el archivo visual de su tiempo no eran los cientos de miles de personas fusiladas, marginadas, encarceladas, exiliadas, humilladas, ni las desaparecidas».*

María Rosa Aránega juega al doble encuadre. No le interesa tanto lo que aparece ni cómo aparecen los personajes; le interesa la imagen en tanto que le incita a imaginar lo que podría quedar fuera de ella. No es la veracidad de lo que vemos lo que nos interesa, sino lo que nos sugiere. No conocemos a ese hombre, ni su nombre, ni su procedencia. Algunos escenarios lo ubican en la ciudad de Córdoba, donde la artista ha observado que es el lugar donde se han realizado, al menos, algunos de los revelados. Pero, ¿acaso importa la procedencia del sujeto y su familia? Las fotografías tienen, por un lado, la objetividad del sujeto representado en cuanto a que son fieles a su imagen y apariencia reales. Pero, por otro lado, tienen la capacidad de activar la imaginación de quienes las contemplan, teniendo en cuenta que la mente humana siempre se halla en la búsqueda de explicaciones y veracidad.

El hecho de tener que imaginar y crear una narrativa en base a unas imágenes de una familia de la que no sabemos absolutamente ningún dato, puede conducir al pensamiento de que se está mintiendo. En este proceso, en el que Aránega busca la verdad para completar la historia, la interpretación juega un papel fundamental, y aunque pueda partir de supuestos, como decía Sontag, *«una idea que disponga distorsión puede tener un empuje intelectual superior al de la verdad; puede servir mejor a las necesidades del espíritu, que varían. La verdad es equilibrio, pero quizá lo opuesto a la verdad, el desequilibrio, no sea mentira»*[2]. Es decir, cuando miramos las fotografías de esta familia y de este sujeto, verdaderamente nos transmiten una idea de vida idílica; el joven comienza a salir con una dama con la que contrae matrimonio y, al tiempo, aparecen las fotografías de una niña: están cumpliendo el sueño de cualquier familia en España de aquel momento, amor, matrimonio, descendencia. Pero paradójicamente, su posición social y la continua repetición de su propia imagen no han podido librarles del olvido: hoy conocemos sus rostros, pero no son nadie, sus identidades dependerán, no de quiénes eran, sino de quiénes imaginamos que pudieron ser.

La fotografía tiene la habilidad de mostrarnos realidades que, aunque sean ajenas a nosotros, pueden llegar a resultarnos familiares. Y es que *la distancia entre objeto y sujeto* no es solo física sino también temporal, y alude a ese espacio de interpretación que se crea entre el álbum del que parte el proyecto, ese objeto real y palpable, y el sujeto, entendido como aquél que protagoniza de manera anónima las imágenes, así como cualquier individuo que se precie a ver la obra, es decir, los espectadores. Estas fotografías

---

2   SONTAG, S., VÁZQUEZ RIAL, H. y MAJOR, A.,2018, *Contra la interpretación y otros ensayos*. Barcelona: Debolsillo, pg. 72.

contienen ese aura que Walter Benjamin definiera como la *irrepetible manifestación de una lejanía por cercana que pueda estar*. Y es que irremediablemente, y por muy lejanos que nos resulten los tiempos en que se efectuaron estas fotografías, la cercanía es absoluta, por varios motivos. Primero, porque tratan de España; segundo, porque esta tipología de imagen responde a un modo de hacer fotografía que a algunos nos recuerda a nuestro propio archivo familiar; y tercero, porque las consecuencias de la dictadura impuesta en aquel momento siguen padeciéndose en muchos aspectos en la España contemporánea. Esos tiempos resultan lejanos para quienes hoy no sienten la herida, pero siguen muy presentes para quienes siguen esperando justicia en forma de memoria histórica.

Es curioso este doble juego que la artista establece en la representación de las imágenes. Porque, por un lado, encontramos unas fotografías, y ello requiere de unas reflexiones específicas. Porque fotografiar implica una pausa necesaria, por el encuadre –que siempre conlleva una intención–, por la información de su contexto… Pero, por otro lado, encontramos la intencionalidad en el dibujo de María Rosa Aránega. Aunque estamos hablando de imagen fotográfica, ella lo traduce al dibujo, y en ese proceso de traducción actúan otros factores distintos al del acto fotográfico. Lo que tarda la artista en construir la imagen le permite pensarla y analizarla. Pero lo que sí la diferencia, absolutamente de la fotografía, es la narrativa que establece en cada uno de los paneles y el marco textual que le otorga. No todas las personas pudieron capturar fotográficamente sus vivencias, pero eso no implica su inexistencia. Implica solamente la dificultad de perpetuar su memoria. En el año 1952, Henri Cartier-Bresson comparaba la manera de narrar desde el acto literario y las diferencias de hacerlo desde el acto fotográfico. Mencionaba que el escritor tenía tiempo para la reflexión: *«puede aceptar, rechazar y aceptar de nuevo, y antes de llegar a plasmar en el papel sus pensamientos tiene la ventaja de poder congregar los distintos elementos pertinentes»*. Seguidamente, mencionaba una cualidad mucho más ventajosa, la de que *«existe un momento en el que su mente olvida y su subconsciente trabaja en la clasificación de sus pensamientos»*. Cartier-Bresson asigna a los escritores la ventaja de filtrar los acontecimientos y construir la memoria con respecto al sesgo de su propia mente, lo que conlleva sacar muchas conclusiones, entre ellas, la de la posible no-objetividad de esa memoria transmitida. Y concluye diciendo: *«pero para los fotógrafos, lo que pasó, pasó para siempre [...] no podemos reconstruir nuestro relato una vez que estemos de regreso al hotel»*[3].

---

3 CARTIER-BRESSON, H.,1952, "El instante decisivo", en FONTCUBERTA, J., 2003, *Estética fotográfica: selección de textos*. Barcelona: Gustavo Gili, pg. 225.

Es significativo este modo de legitimar la validez o fiabilidad de la imagen fotográfica sobre el relato escrito. Es por ello que no debemos caer en la trampa de deducir que lo redactado o lo transmitido por testimonio oral no sea valioso o fiable, pues de esos relatos sin imágenes que los avalen surge una cantidad de información crucial. De sobra sabemos que una imagen de por sí no vale más que mil palabras, puesto que también es susceptible de ser interpretada. Las obras de María Rosa Aránega son toda una demostración de la necesidad de aunar imágenes con texto, *lo supuesto objetivo* con *lo supuesto sesgado*, pues no hay verdades absolutas más allá de que éstas no existen. No obstante, sí existen y han existido vivencias que conviene recordar para que el trauma, el dolor y la detestable conducta de quienes se creen con el derecho a ejercer abuso de poder no se borren del recuerdo colectivo.

En una de las piezas podemos leer lo siguiente: *«toda imagen del pasado es una imagen que amenaza con desaparecer»*. Incluso la posición de privilegio o persona adinerada se torna insuficiente en el transcurrir del tiempo si la memoria del sujeto termina por desvanecerse. Es entonces cuando nos damos cuenta de que la memoria es el mayor de esos privilegios: trascender no solo en la historia familiar sino también en la identidad de sus miembros. Al fin y al cabo, esto es a lo que llamamos legado. Sabemos que una de las herramientas más eficaces para perpetuar ese legado es la cultura. Y sin duda, para mantener a flote esa cultura es necesaria una suficiencia económica que la garantice y fomente. Aquí es justamente donde reside la desigualdad en la visibilidad de los relatos: entre los que han podido ser narrados y los que no. Adivinar que aquellos que no han trascendido son aquellos que procedían de sujetos sin el respaldo económico para ello no es difícil –borrar el testimonio del pobre es lo más sencillo y conveniente para cualquier organismo, sistema o ente de poder–. Es por ello que podemos afirmar que la historia se ha construido, de alguna manera, desde la perspectiva del privilegio, silenciando o dejando en segundo plano a la inmensa mayoría de los testimonios y vivencias.

Para no caer en prejuicios, y evitar no hacerle justicia a esta familia que nos ha permitido (des)conocer su propia historia, solamente tomaremos sus imágenes como detonantes de reflexiones sobre hechos objetivos. Y la primera de ellas es que el tener acceso a una máquina fotográfica en el contexto de la posguerra en España, habla de un sujeto que se diferencia de la mayoría de la población de este momento. El país había quedado devastado, aunque esa devastación no ocurrió en todos los lugares por igual y no afectó a la totalidad de las familias del mismo modo. Mientras algunos no tenían recursos para alimentar a sus hijos, otros podían ofrecerles a éstos no solo una infancia nutrida, sino bien documentada fotográficamente. Justo en este punto de la niñez, María Rosa Aránega se percata de que las fotografías que más disparos similares tiene son precisamente las dirigidas al bebé, la única hija –al menos, retratada– del matrimonio. Como la propia artista expresa en su trabajo: *«el álbum es uno de esos elementos capaces de revelar las manifestaciones cotidianas que expresan la transformación del concepto de niñez, su consideración social, la revelación entre niño y adulto»*. La infancia es sin duda uno de las grandes preocupaciones para cualquier estado interesado en proliferar, pero cada sistema político lo aborda de diferente manera. En este contexto de dictadura, los niños y por consiguiente, la maternidad, se consideran asuntos de estado.

La publicidad cumple un papel fundamental en la construcción del rol social y familiar de las mujeres. Por supuesto, el papel de buena esposa debe ir seguido del de buena engendradora de hijos para el régimen. La presencia de la mujer en este álbum está muy acorde a esos ideales, no solo de la España franquista sino que también responde a esos valores cristianos de la sociedad del momento. En una de las piezas, donde aparecen las fotografías del bebé, observamos una frase escrita con una llamativa tipografía con un tono rojo intenso donde menciona: *¡Madre, debes hijos sanos a España!* El machismo del momento es explícito, y opera en la dictadura como otro mecanismo más de opresión y presión contra las mujeres. El mero hecho de hacerlas totalmente responsables de la salud de sus hijos ya es reprobable. Entender la maternidad como un deber aleja a estas mujeres de su propia libertad, no se pueden considerar individuos en tanto que no pertenecen a sí mismas sino al estado, y sirven a un propósito, *ergo* son instrumentalizadas. Y con ello mucho tiene que ver otra de las piezas, donde aparecen fotografías de la hija de la familia en diferentes etapas de su vida. El álbum se cierra con una fotografía, la de la hija convertida en mujer, con una expresión neutral e incluso con algún ápice de melancolía o añoranza. Desconocemos su historia, pero como mujer, no se encontraba a salvo por completo de caer en algunas de las más aberrantes, violentas y grotescas organizaciones diseñadas para ellas, como lo fue el *Patronato de Protección a la Mujer*. Solamente con leer su nombre ya podemos intuir que, como ha ocurrido históricamente e incluso en la contemporaneidad, bajo el argumento de proteger a las mujeres, se activan toda una serie de mecanismos para amedrentarlas y controlarlas.

Las imágenes fotográficas no son las únicas que nos ocupan. María Rosa Aránega crea unos diálogos entre imagen fotográfica y el dibujo que merecen especial detenimiento. En la primera de todas, los retratos muestran a un joven sonriente y apuesto frente al edificio de *La Unión y el Fénix* de Córdoba, situado en la plaza que actualmente se denomina de Las Tendillas, pero que en aquél momento se llamaba Plaza de José Antonio Primo de Rivera. Este joven nos habla de una cara de la sociedad de la España franquista, de quienes tenían el beneplácito del ocio y la sonrisa frente a una cámara y buena vestimenta. El relato no fotografiado lo aporta Aránega mediante el dibujo: bajo las fotografías del mencionado joven, aparecen unos cuerpos sin rostro, casi sombras, son aquellos que no tuvieron acceso al ocio, ni a la sonrisa ni al buen vestir, aquellos que la cámara no inmortalizó.

En todas las escenas en las que el joven aparece acompañado, podemos observar que su entorno pertenece a su misma clase social. No hay mezcla, no hay representación sino selección. En la pieza número tres observamos simpáticas y entrañables escenas en ambientes ociosos, haciéndonos testigo –a destiempo– de momentos felices. Ellos lucen traje y corbata, fuman puros y se muestran muy seguros de sí mismos; ellas con el vestuario que les corresponde como mujeres, con vestidos y faldas por debajo de las rodillas nada ceñidas para corresponder con el sentido del *decoro* de la época, y por supuesto, con una actitud más recatada y menos desenfadada que la de ellos. Les acompaña el dibujo de una cámara de fuelle junto a unos carretes Agfa y el eslogan *¿Dejará perder Vd. esta oportunidad?*, y es que la publicidad también tiene aquí su espacio, y es que debemos tener en cuenta que promocionar el consumo es algo que siempre ha sido prioritario en un sistema capitalista, pero lo que lo hace especial en un contexto de dictadura es que los eslóganes están, en su mayoría, alineados con las idea y propósitos del estado totalitario, como hemos visto con la cuestión en torno a las mujeres. Pero además, hay que hacer felices a los ciudadanos con cosas triviales que los distraigan, y la fotografía es un recurso ideal para ello. Se populariza tanto, que ya a finales de los años veinte, el fotógrafo e historiador Franz Roh mencionaba que «*se ha dicho con razón que la gente que no sepa manejar la cámara pronto será considerada analfabeta. Creo incluso que dicha enseñanza se impartirá en breve en la enseñanza media, en la asignatura de dibujo, desplazando contenidos anticuados*»[4].

Además, en el ámbito artístico, durante los primeros años de la dictadura, el estado activó una estrategia de propaganda y blanqueamiento apostando, por un lado, por exposiciones como *¡Así eran los rojos! ¡Asesinos y ladrones!*, que pudo visitarse en el año 1943 en el Círculo de Bellas Artes en Madrid. En el texto que acompañaba a la muestra se podían leer afirmaciones como esta: «…nosotros hemos puesto el arte al servicio del recuerdo que debes llevar

---

4 *Ibidem*, pp. 146-147.

en tu alma»[5]. Por otro lado, la apuesta de las exposiciones fue también en la línea de un arte nada comprometido y libre de discursos políticos y/o sociales –o al menos que así fuera en apariencia–, como aquellas en las que solo se expusieron bodegones, retratos u obras de temática religiosa. En conclusión: el ideario que el pueblo podía tener sobre el panorama artístico no se correspondía con la realidad. Pero más allá de la estrategia que se impusiera desde las altas esferas, el mayor triunfo para el gobierno es que este blanqueamiento calase hasta el propio pueblo, ya fuera éste más o menos consciente de ello. Eso es precisamente lo que ocurre con este álbum, es un ejemplo de proyección y visibilización de un panorama social que, aunque real, no es representativo. Y el peligro de este proceso de mostración/ocultación pasa por la posibilidad de crear en las generaciones venideras la romantización o idealización de unos tiempos que nada tuvieron de felices para la mayoría.

El contraste será una constante en el proyecto en todos los sentidos. Desde el blanco y negro de la fotografía y el dibujo, hasta el contraste de emociones que produce ver imágenes de un matrimonio bien avenido junto a la reproducción de las cartillas de racionamiento. La abundancia y la escasez convivieron, pero esa realidad oculta ha tenido que ser reivindicada por la autora por su propia mano. Las aportaciones textuales que la artista incluye en sus piezas nos van orientando con total claridad sobre todo aquello que le generan las imágenes, teniendo en cuenta que su mirada artística va siempre acompañada por una actitud crítica y por un profundo sentido del rigor. Aránega se refiere a estas imágenes del álbum como espejismos de paz y estabilidad, que por supuesto contrastaban con la otra realidad del momento y que todo tenía que ver con la hambruna, los trabajos forzados –en muchas ocasiones hasta la extenuación y la muerte– y la represión. Pero es consciente de que este joven retrata aquello que tiene que ver con su cotidianidad y con aquello que considera digno de ser recordado. Al caer el objeto –álbum– en las manos de María Rosa Aránega, los que fueran los recuerdos del sujeto –el joven– se descomponen. De algún modo, como un *objet trouvé*, el álbum se resignifica en manos de la artista, que lo convierte en un arma para hacernos visible lo invisible, para que en nuestra mente surja la imagen discriminada. El álbum se torna un medio para construir conocimiento más completo que durante mucho tiempo se nos ha transmitido –porque así fue creado– a partir de la parcialidad.

María Arregui Montero

5   VERGNIOLLE DELALLE, M. y SIRERA CONCA, M., 2008, *La palabra en silencio: pintura y oposición bajo el franquismo*. Valencia: Universitat de València, pg. 39

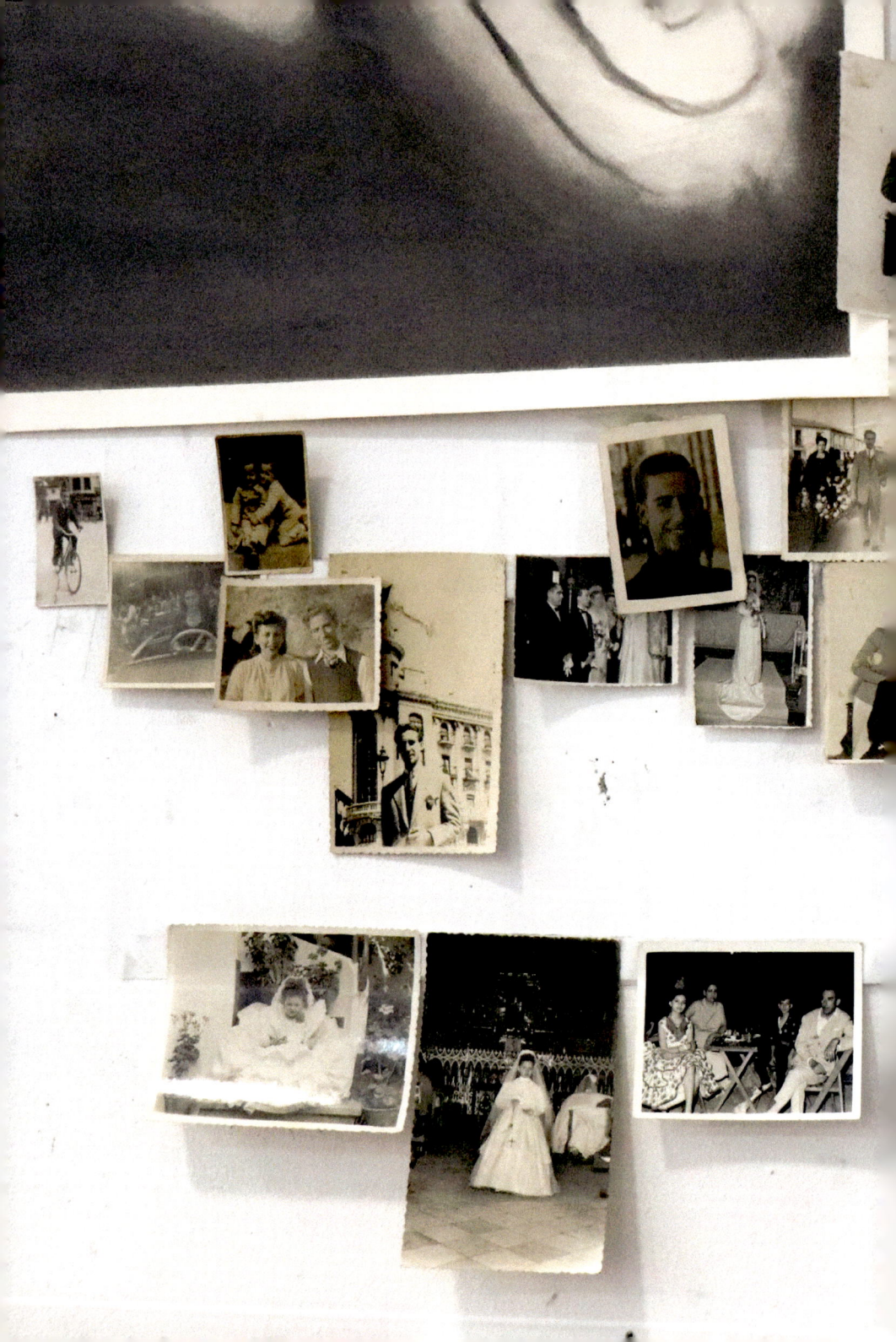

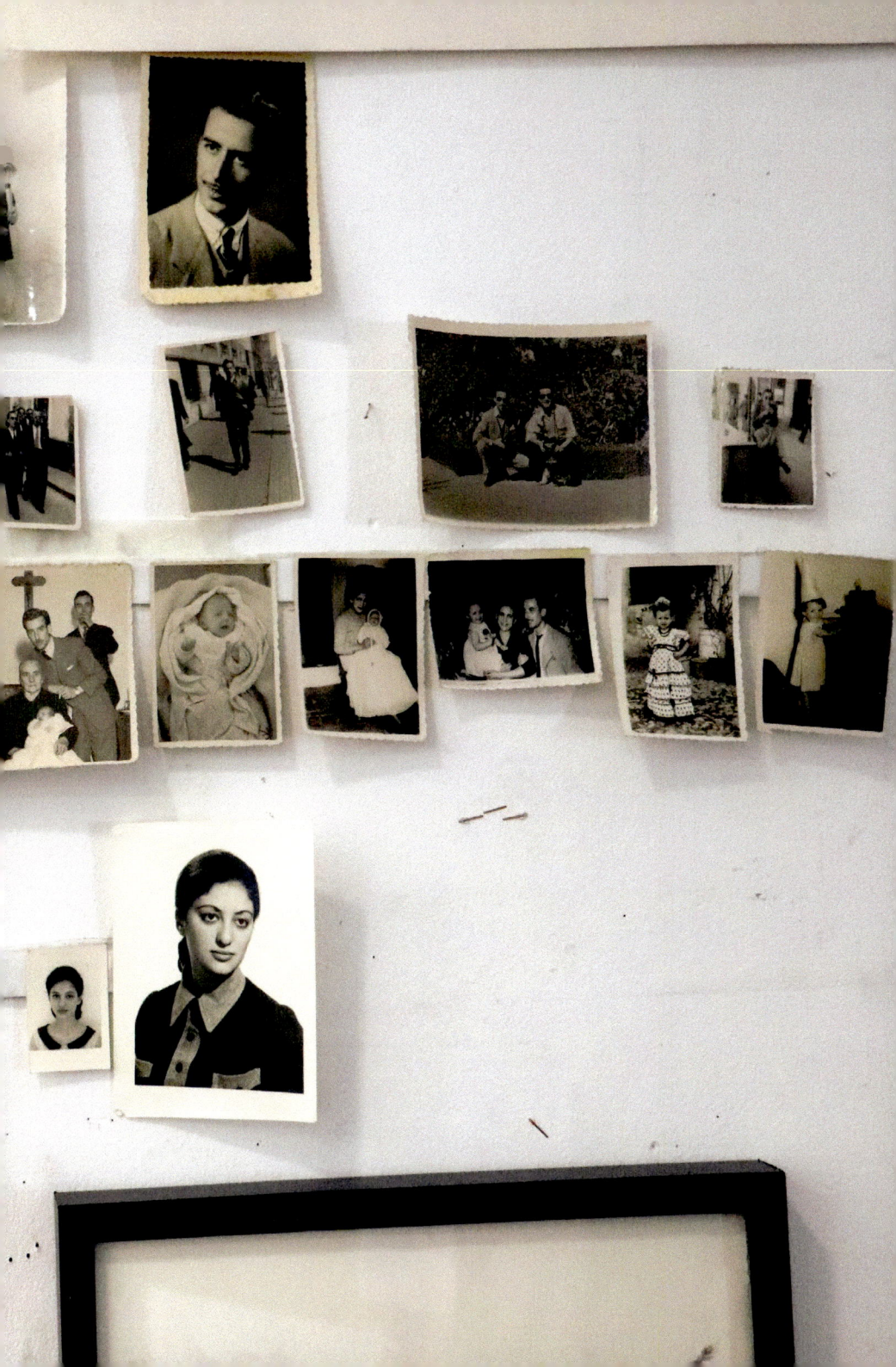

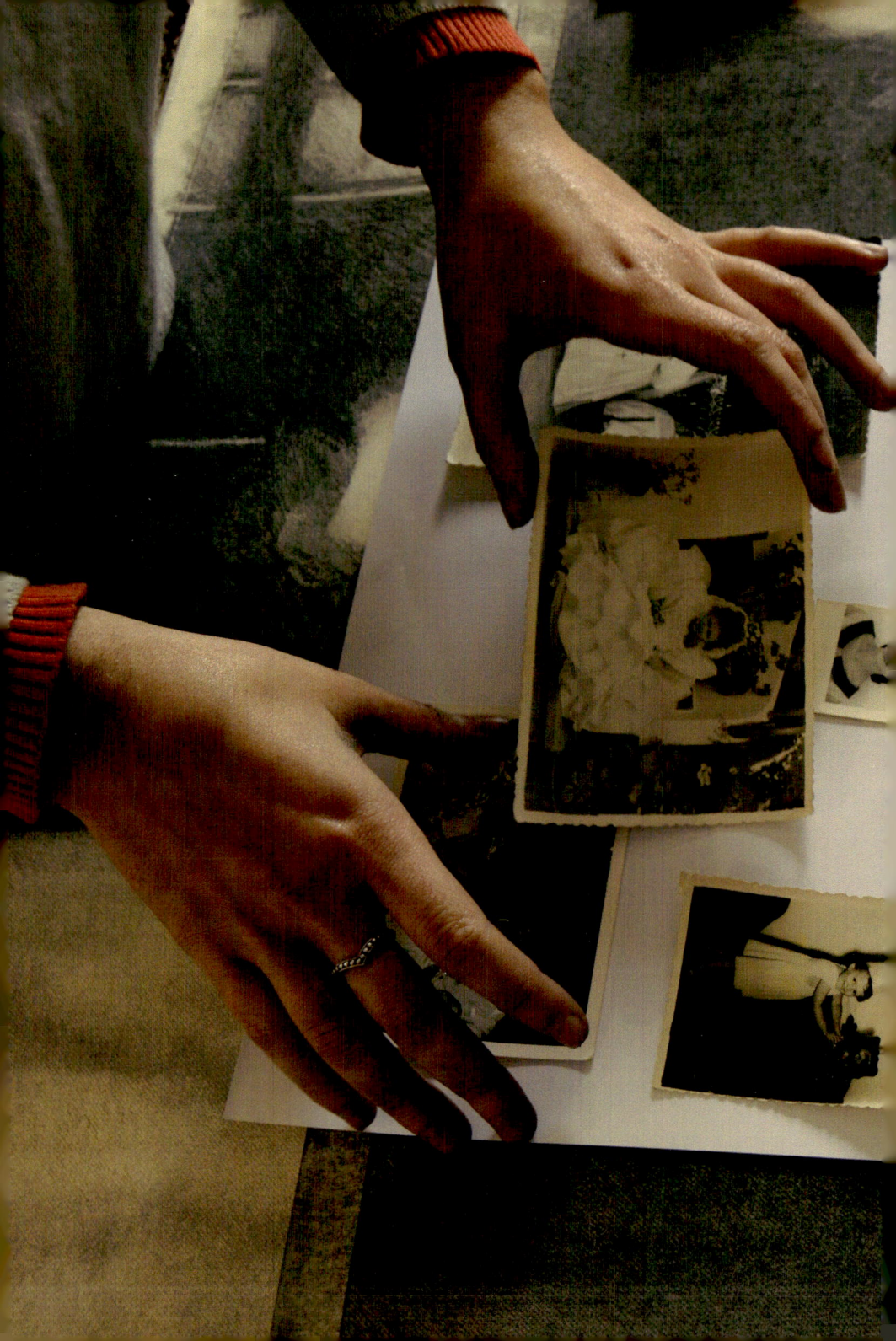

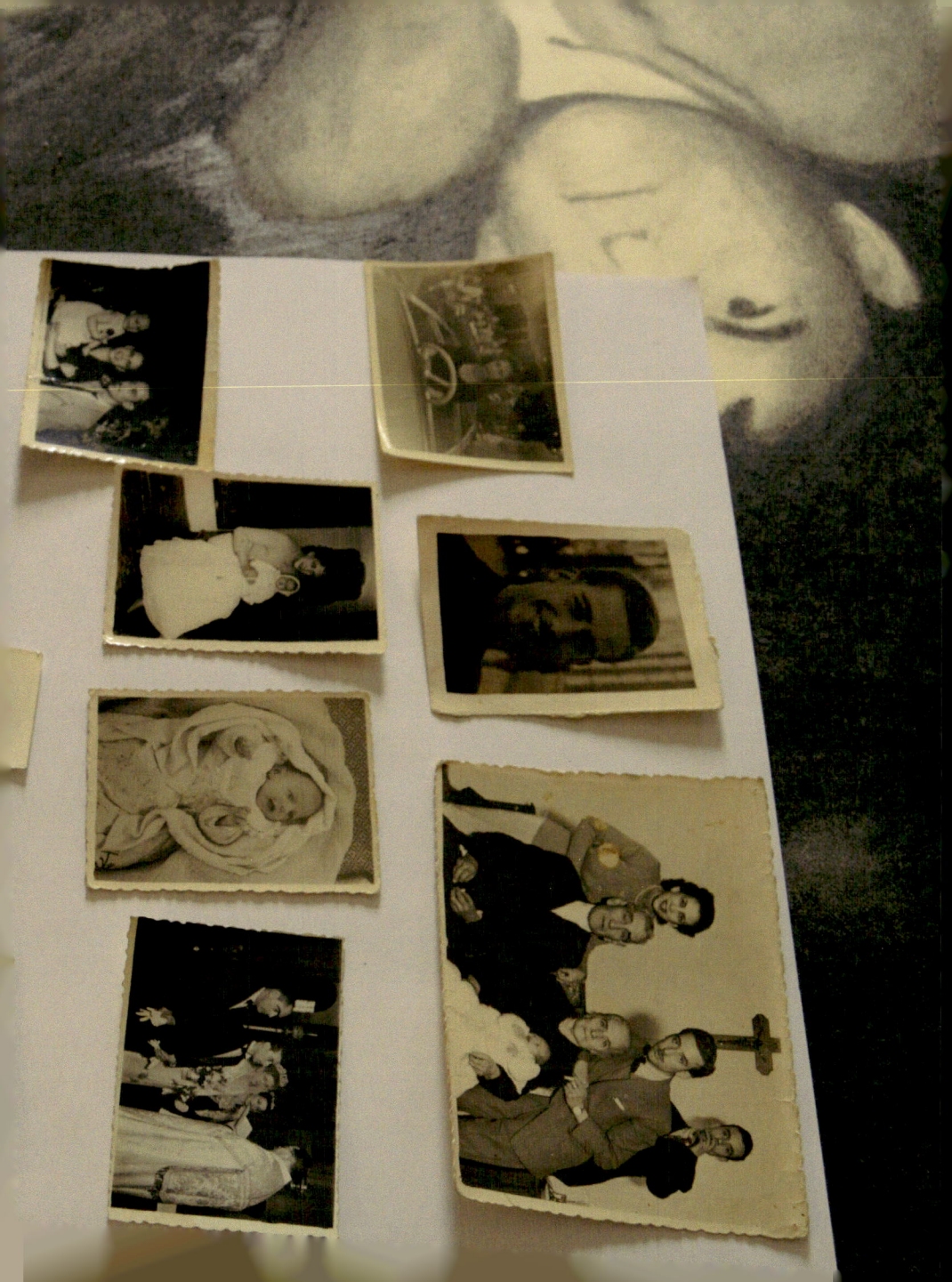

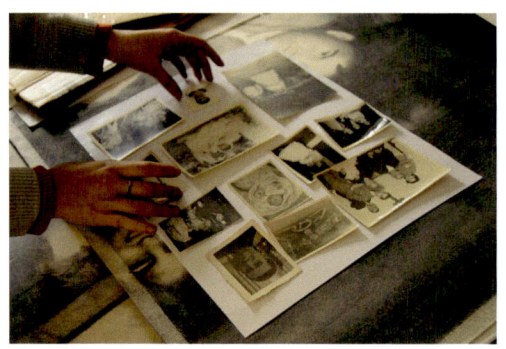

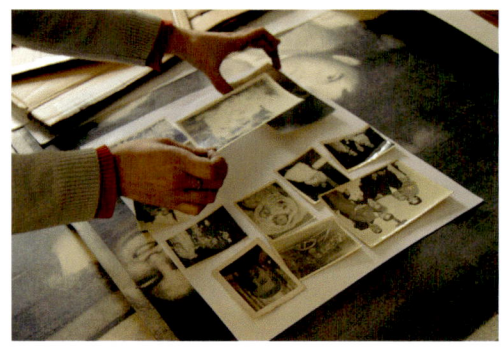

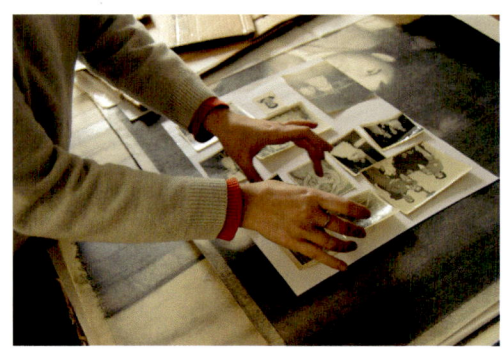

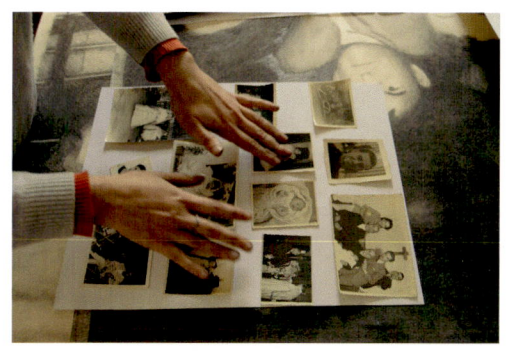

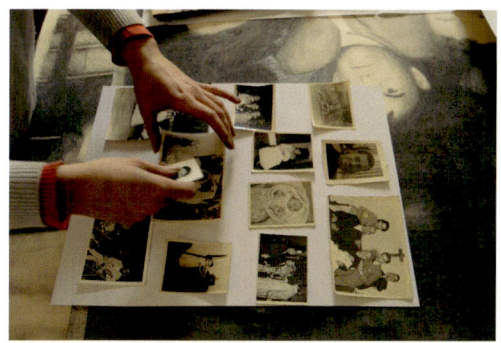

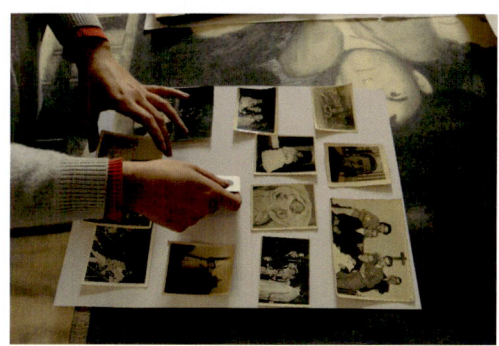

Primeros intentos de reestructuración y lectura del álbum entre 2019 y 2020.

LA CAMARA COMO HERRAMIENTA DE CAPTURA DEL
INSTANTE NO ERA NEUTRA   QUIENES ACCEDIAN A SER
FOTOGRAFIADOS A INSCRIBIRSE EN EL ARCHIVO VISUAL DE
SU TIEMPO NO ERAN LOS CIENTOS DE MILES DE PERSONAS
FUSILADAS, MARGINADAS ENCARCELADAS EXILIADAS
HUMILLADAS NI LAS DESAPARECIDAS

LAS CÁMARAS APUNTABAN HACIA AQUELLOS QUE ENCAJABAN EN LA NARRATIVA
OFICIAL HACIA LOS CUERPOS Y LAS VIDAS QUE PODÍAN SER EXHIBIDOS SIN CUESTIONAR
EL ORDEN NI LA VIOLENCIA ESTABLECIDA   LAS CÁMARAS NO APUNTABAN A LAS
FAMILIAS JORNALERAS QUE TRABAJAN LOS CAMPOS NO CAPTURABAN LOS CUERPOS
AGOTADOS POR EL TRABAJO FORZADO O LA MISERIA DE LAS VIUDAS O LOS HUÉRFANOS

EL PRIVILEGIO DE SER FOTOGRAFIADO EN ESOS AÑOS ERA UN
DERECHO QUE IMPLICABA, EN MUCHOS CASOS UN PACTO CON
LA NARRATIVA OFICIAL EN LAS IMÁGENES DE ACTOS PÚBLICOS,
DE FESTIVIDADES O DE LA VIDA COTIDIANA EN LAS CIUDADES,
SE PROYECTA UN ESPEJISMO DE PAZ Y ESTABILIDAD QUE
OCULTA LA REALIDAD DE LA REPRESIÓN, EL HAMBRE Y EL
MIEDO. LA CÁMARA TIENE EL PODER DE DOCUMENTAR PERO
TAMBIEN DE DISTORSIONAR DE MOLDEAR LA REALIDAD
SEGÚN LA HORMA DEL PODER.

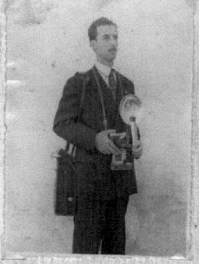
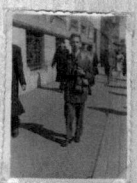
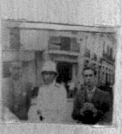
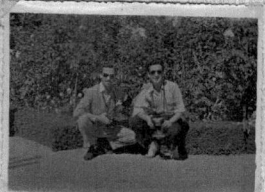

Este hombre en un tiempo donde tener una cámara era un
lujo había elegido registrar su mundo, como si pudiera
controlar LO QUE SERÍA RECORDADO. Yo, al adquirir su
álbum, ahora me enfrento a la responsabilidad de releer y reinterpretar
estas imágenes.

¿COMO PODRIA HACERLO SIN
CONOCER SU CONTEXTO SOCIAL
POLITICO Y CULTURAL?

LOS CUERPOS SE DESPOLITIZAN EN LA SUPERFICIE DE LA IMAGEN

de la imagen, pero la memoria colectiva de

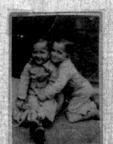
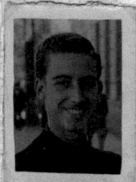
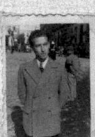

quienesmiran estas fotografías carga el peso de lo que falta, de lo que el encuadre ha dejado fuera.

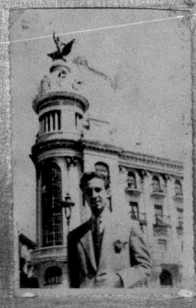
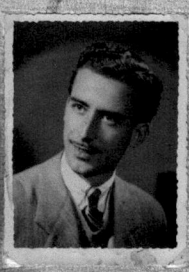

Lo no dicho —la dictadura la violencia estructural, el miedo, el hambre— se oculta en la ausencia de movimiento, en el carácter detenido del tiempo fotográfico.

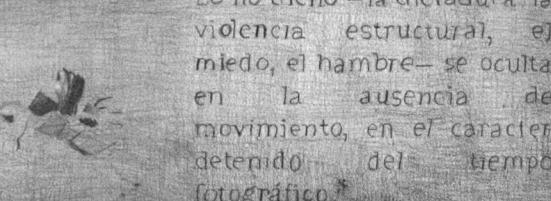

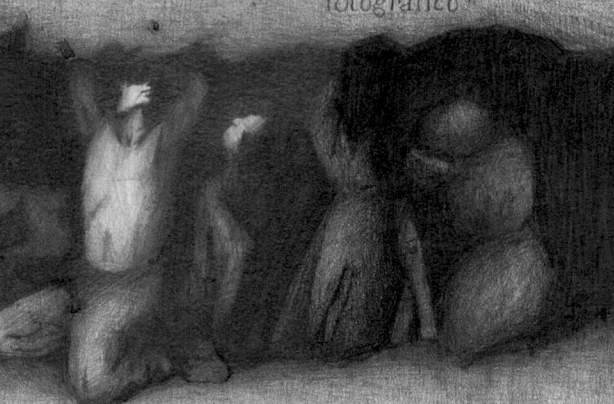

los códigos estéticos y éticos de la fotografía en tiempos de dictadura se entrelazan en una dialéctica de lo visible y lo oculto, de lo dicho y lo silenciado

LAS IMAGENES DE ALEGRIA COMPARTIDA CONSTRUYEN UN RELATO EN EL QUE LA DICTADURA SE PRESENTA COMO LA GARANTE DE LA PROSPERIDAD DEL PROGRESO, Y DEL BIENESTAR EN CAMBIO LOS MOMENTOS DE SUFRIMIENTO LOS FRACASOS LAS VIOLENCIAS COTIDIANAS QUE SON LA MANIFESTACION MAS CRUDA DE LA REPRESION SON SILENCIADOS Y RELEGADOS A LA ESFERA PRIVADA. EL DOLOR AUNQUE SEA COLECTIVO, SE FRAGMENTA Y ATOMIZA. AL ATOMIZAR EL DOLOR, EL REGIMEN EVITA LA CREACION DE UNA CONCIENCIA COLECTIVA DE RESISTENCIA LA INDIVIDUALIZACIÓN DEL DOLOR GARANTIZA QUE LA VIOLENCIA ESTRUCTURAL NO SE PERCIBA COMO UN FENOMENO SISTEMICO SINO COMO UN DESTINO PERSONAL.

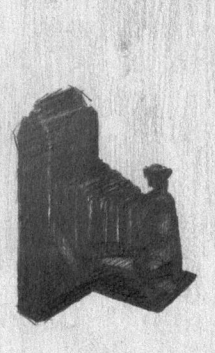
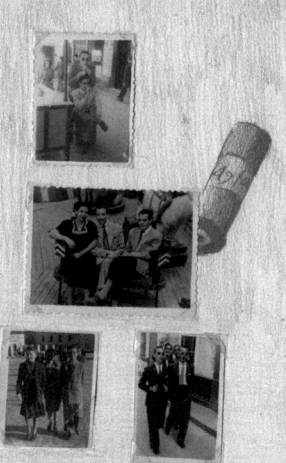

¿Dejará perder Vd. esta oportunidad?

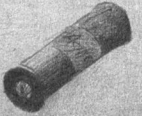
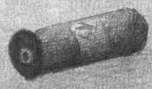
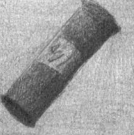

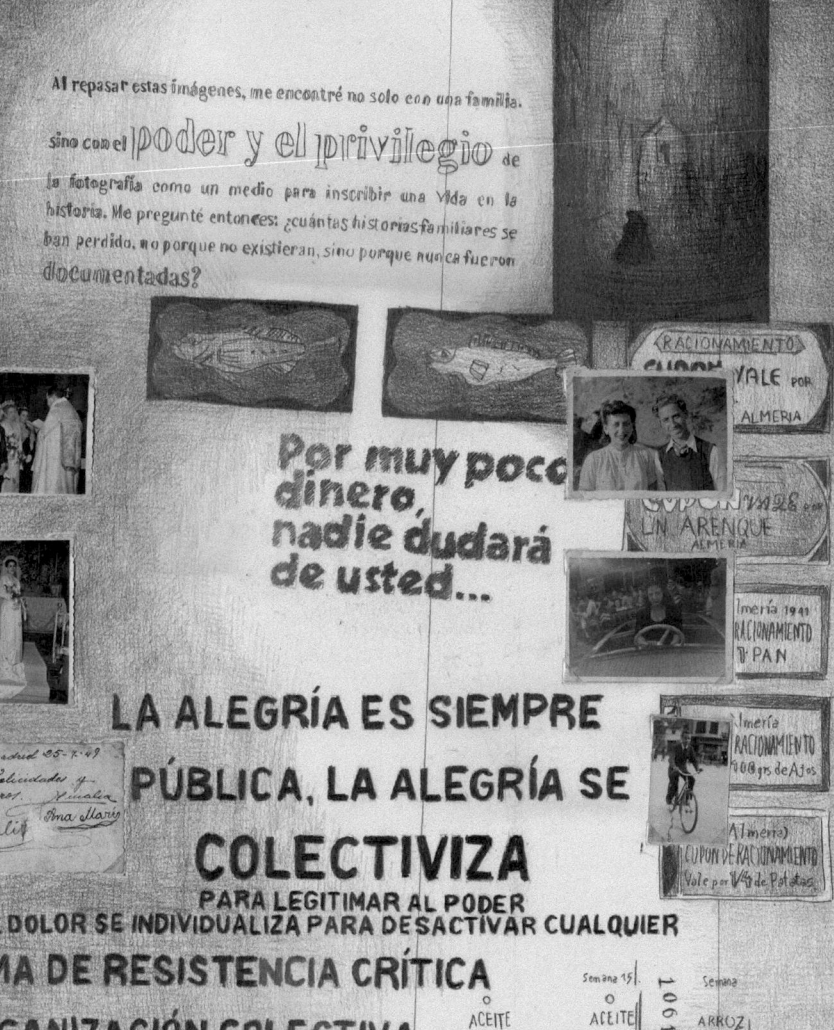

Al repasar estas imágenes, me encontré no solo con una familia, sino con el **poder y el privilegio** de la fotografía como un medio para inscribir una vida en la historia. Me pregunté entonces: ¿cuántas historias familiares se han perdido, no porque no existieran, sino porque nunca fueron documentadas?

Por muy poco dinero, nadie dudará de usted...

LA ALEGRÍA ES SIEMPRE PÚBLICA, LA ALEGRÍA SE COLECTIVIZA PARA LEGITIMAR AL PODER PERO EL DOLOR SE INDIVIDUALIZA PARA DESACTIVAR CUALQUIER FORMA DE RESISTENCIA CRÍTICA U ORGANIZACIÓN COLECTIVA.

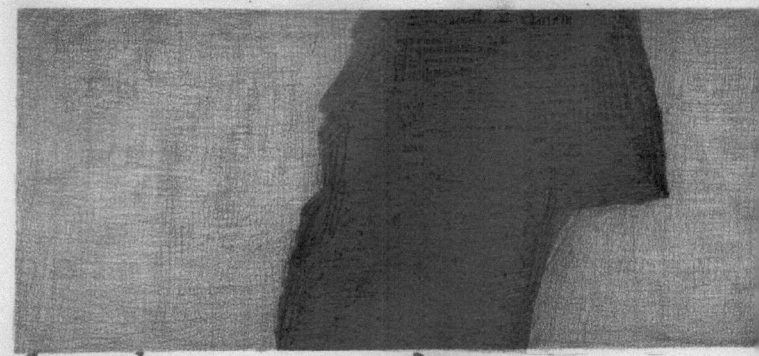

Anywhere—everywhere

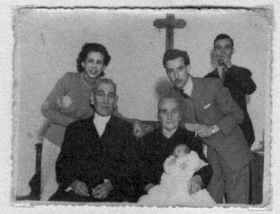
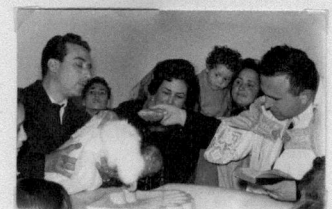

EL ÁLBUM FAMILIAR ES UN SISTEMA DE ARCHIVO MÁS. TENER MUCHAS FOTOGRAFÍAS DA LA OPORTUNIDAD DE ORDENAR Y CONTROLAR EL SIGNIFICADO DE LA FAMILIA. LAS FOTOGRAFÍAS NO CAMBIAN, SU SIGNIFICADO PROBABLEMENTE SÍ. ESTE EJERCICIO DE RECORDACIÓN PARALIZA MOMENTÁNEAMENTE EL TIEMPO. Y AL TRAER LO OLVIDADO, AL ACTIVAR LAS PROMESAS, SE REVIVE A LOS MUERTOS. SE FOTOGRAFÍA AQUELLO QUE SE QUIERE RECORDAR PERO ¿CÓMO RECUERDAN LAS FAMILIAS QUE NO TENÍAN ACCESO A LA FOTOGRAFÍA?

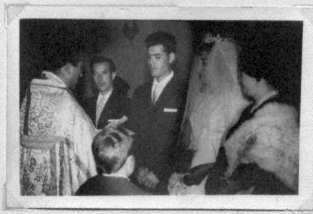

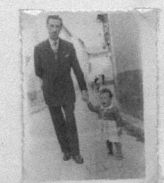
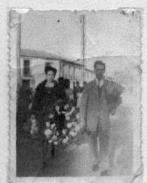

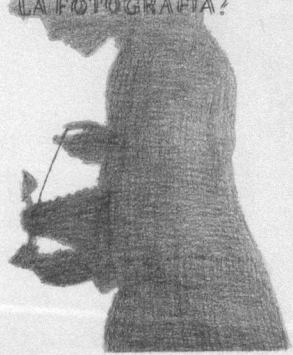

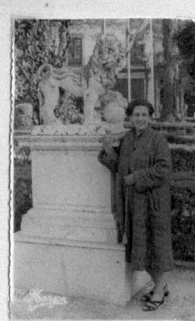

¡madre

LA INFANCIA
ES UN ESPACIO
RAÑO LA INFAN
ESPACIO

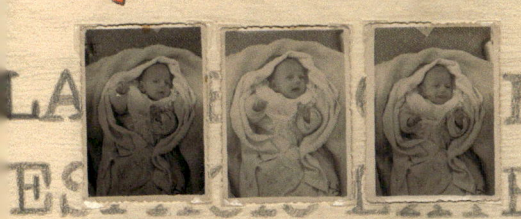

debes hijos sanos a España!

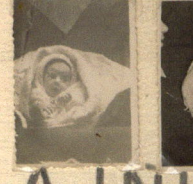 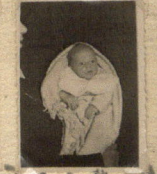

LA INFANCIA ES UN ESPACI

SPACIO EXTRAÑ

IN C ES U

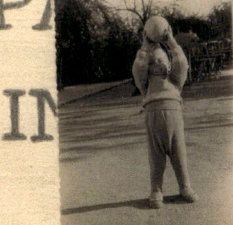

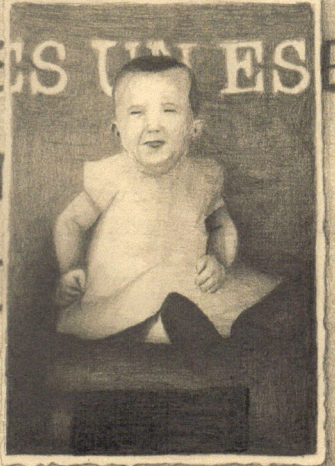

EL ÁLBUM ES UNO DE ESOS ELEMENTOS CAPACES
DE REVELAR LAS MANIFESTACIONES COTIDIANAS
QUE EXPRESAN LA TRANSFORMACIÓN DEL
CONCEPTO DE NIÑEZ, SU CONSIDERACIÓN SOCIAL,
LA RELACIÓN ENTRE NIÑO Y ADULTO,

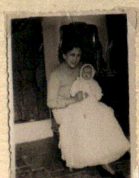 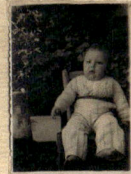 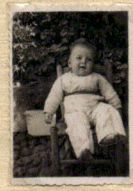

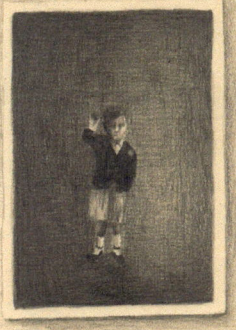 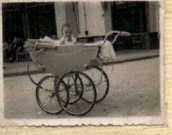

La repetición es otro
recurso del álbum familiar

LA IMAGEN DEL PASADO

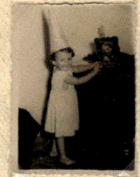
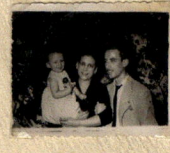
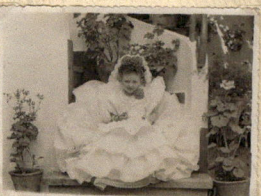

ES UNA IMAGEN QUE

AMENAZA CON

DESAPARECER

CON TODO PRESENTE QUE NO SE RECONOZCA ALUDIDA EN ELLA

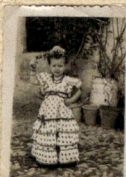

las niñas de hoy y las mujeres de mañana

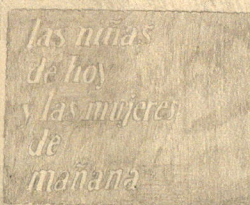

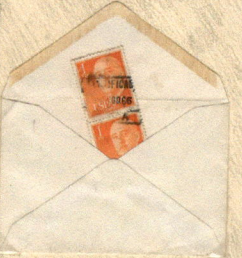

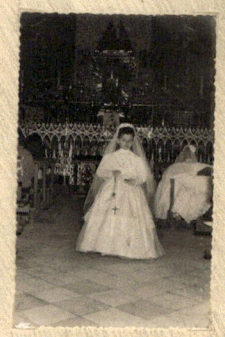

Una fotografía también es una pregunta

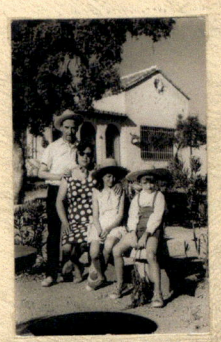

LAS VIDAS DE MIS ABUELAS, CON SUS MISERIAS Y SU ALEGRÍAS, SUS COTIDIANEIDADES Y SUS MOMENTO EXTRAORDINARIOS, NI SIQUIERA LAS PUEDO IMAGINAR, SO VIDAS EXTRAÑAS PARA UNA SOCIEDAD QUE SOLO RECUERDA L QUE PUEDE VE

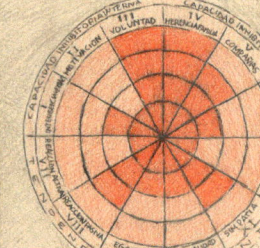

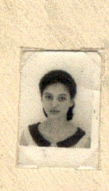

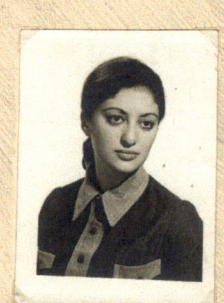

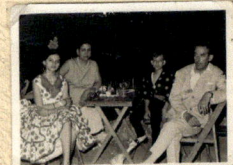

MIENTRAS TANTO EL PATRONATO DE PROTECCIÓN A LA MUJER CONTINUABA ATERRORIZANDO Y SECUESTRANDO A ADOLESCENTES

La distancia entre objeto y sujeto
Serie de 7 piezas
Grafito sobre papel y fotografías
70x50cm c/u
2024

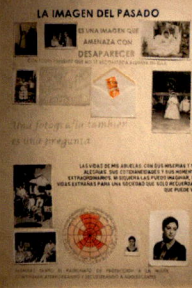
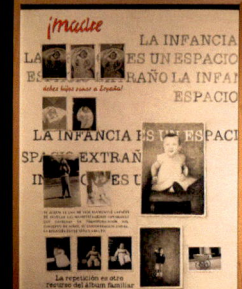
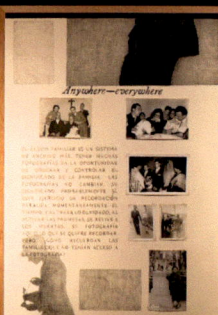
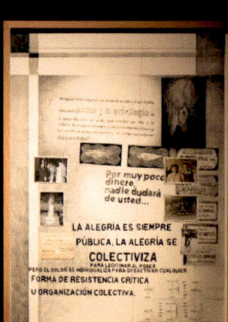

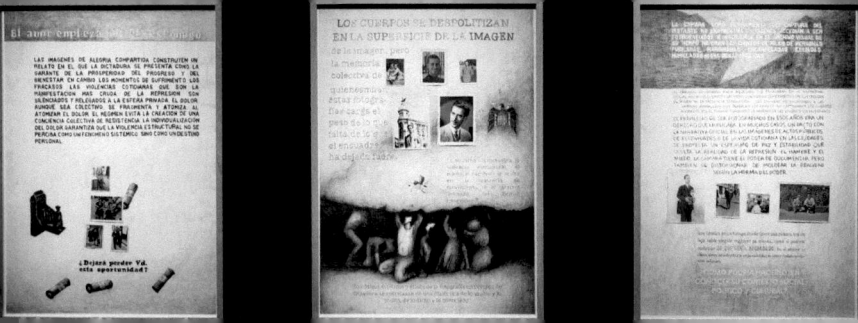

¿cómo mirar estas
Estas fotografías
fotografías sin
aparentemente
ignorar el
despolitizadas se
contexto de
realizaron mientras
genocidio en el
se cometía un
que fueron
genocidio.
tomadas?

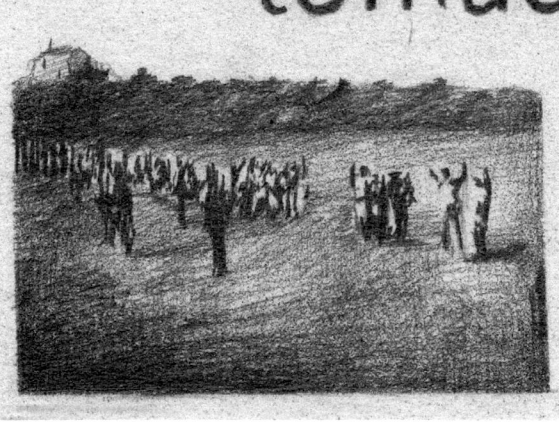

¿cómo mirar estas fotografías sin aparentemente ignorar el contexto de genocidio en el que fueron tomadas?

Estas fotografías aparentemente despolitizadas se realizaron mientras se cometía un genocidio.

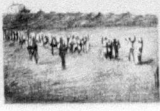

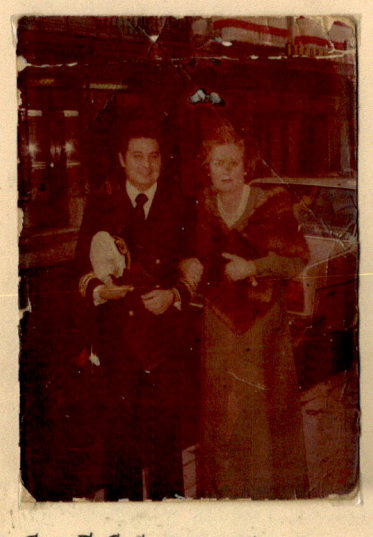

EXPLORAR UN ÁLBUM DE CLASE MEDIA ES UN EJERCICIO DE RECONSTRUCCIÓN HISTÓRICA QUE PERMITE VISIBILIZAR UNA MEMORIA FRAGMENTADA Y DESIGUAL. EN LAS ESCENAS DIARIAS DE LA VIDA FAMILIAR DE ESTOS ALBUMES OBSERVAMOS CÓMO LA FOTOGRAFÍA NO ES SOLO UN TESTIMONIO DE LO COTIDIANO, SINO TAMBIÉN UNA HERRAMIENTA DE RESIGNIFICACIÓN DE LO QUE SE ENCUENTRA FUERA DE CAMPO: UN ESPACIO DONDE LO PRIVADO Y LO POLÍTICO SE ENTRECRUZAN Y DONDE LA VIDA DIARIA SE CONVIERTE EN UN ACTO DE SUTIL RESISTENCIA O CONFORMIDAD

***S/T (Palabras del dictador Francisco Franco
en el Discurso de Reconstrucción Nacional
en 1937)***
Grafito sobre papel y recortes de revistas
50x35cm
2024

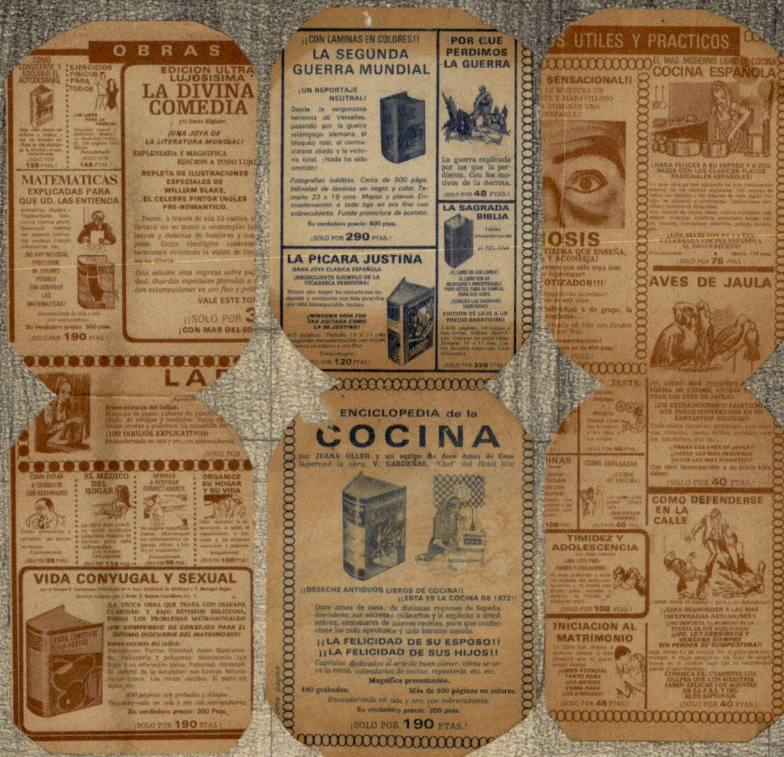

UN ESTADO TOTALITARIO ARMONIZARÁ EN ESPAÑA EL FUNCIONAMIENTO DE TODAS LAS CAPACIDADES Y ENERGÍAS DEL PAÍS EN EL QUE, DENTRO DE LA UNIDAD NACIONAL, EL TRABAJO ESTIMADO COMO EL MÁS INELUDIBLE DE LOS DEBERES, SERÁ EL ÚNICO EXPONENTE DE LA VOLUNTAD POPULAR Y MERCED A ÉL, PODRÁ MANIFESTARSE EL AUTÉNTICO SENTIR DEL PUEBLO ESPAÑOL A TRAVÉS DE AQUELLOS ÓRGANOS NATURALES QUE COMO LA FAMILIA, EL MUNICIPIO, LA ASOCIACIÓN Y LA CORPORACIÓN, HARÁN CRISTALIZAR EN REALIDADES NUESTRO IDEAL SUPREMO

– FRANCISCO FRANCO –

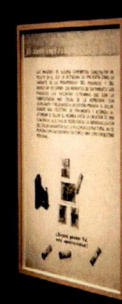
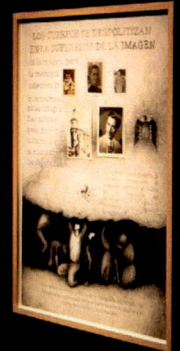
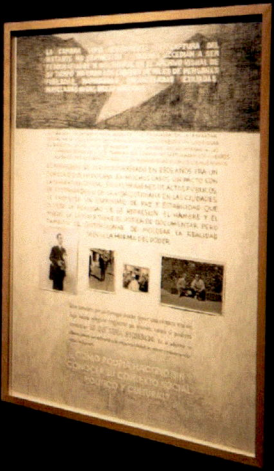

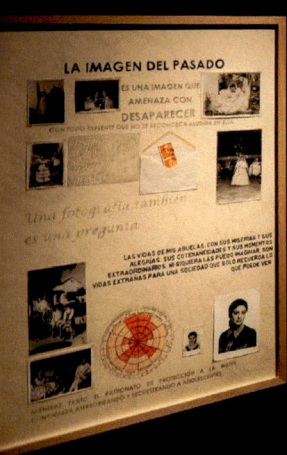

LA IMAGEN DEL PASADO

ES UNA IMAGEN QUE
AMENAZA CON
DESAPARECER

*Una fotografía también
es una pregunta*

LAS VIDAS DE MIS ABUELAS, CON SUS MISERIAS Y SUS
ALEGRÍAS, SUS COTIDIANIDADES Y SUS MOMENTOS
EXTRAORDINARIOS, ME SIGUEN LAS PUEDO IMAGINAR, SON
VIDAS EXTRAÑAS PARA UNA SOCIEDAD QUE SÓLO RECUERDA LO
QUE PUEDE VER

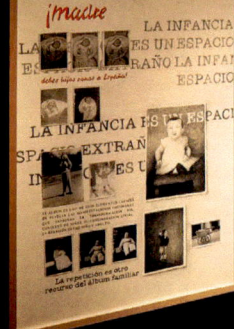

¡madre

LA INFANCIA
ES UN ESPACIO
RAÑO LA INFAN
ESPACIO

LA INFANCIA ES UN ESPACI

SPACIO EXTRAÑ
IN QUES U

*La repetición es otro
recurso del álbum familiar*

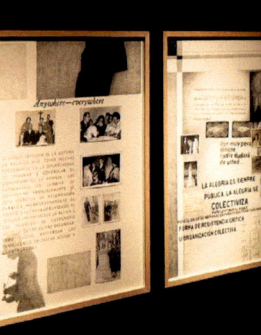

Anywhere—everywhere

LA ALEGRÍA ES SIEMPRE
PÚBLICA. LA ALEGRÍA SE
COLECTIVIZA

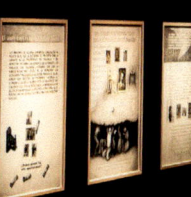

La paradoja es que, como afirma Sontag, fotografiar es también poseer la imagen; esas familias podían "poseer" sus momentos de vida, mientras que para otras, todo quedaba en el recuerdo sin garantías de quienes las conocieron.

Pequeñas reflexiones en torno a

La **distancia** entre **objeto** y **sujeto.**

María Rosa Aránega

Estas fotografías, de rostros y miradas perfectamente encuadradas,

las encontré en
un rastro.

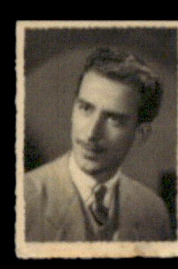 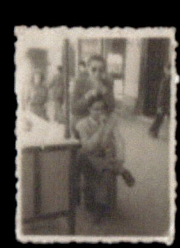

Pequeñas reflexiones en torno a
La distancia entre objeto y sujeto
Vídeo-ensayo
4:40 min
2024

Datan de aquellos años 40 - **dictadura franquista -**
cuando el país intentaba mostrar una imagen de
recuperación y estabilidad.

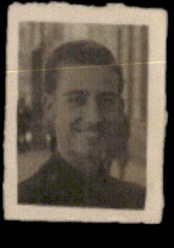

Son, **en su mayoría**, fotos de niños, comuniones,
bodas, y celebraciones de familias de clase media y alta,

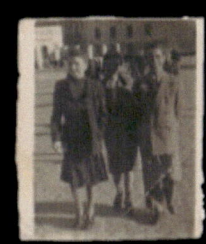

como si esos momentos formales fueran los
únicos dignos de ser preservados

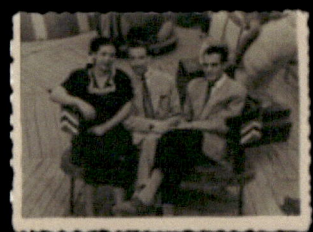

Me pregunto:

¿A cuántas familias les faltan **imágenes** así de sí mismas?

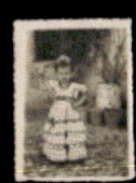 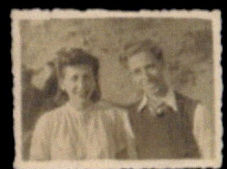

¿Cuántas vidas, rostros y gestos de familias enteras ni siquiera produjeron momentos dignos de ser registrados?

Para muchas personas,
la cámara era un
objeto distante, extraño,
casi mágico.

Para muchas personas,
la cámara era un
objeto distante, extraño,
casi mágico.

De ahí que las personas menos acostumbradas pusieran su
mejor cara de extrañeza ante el aparato.

La ausencia de fotografías es una especie de "huella"
que nunca fue registrada en el álbum familiar,
una presencia
invisible de lo
que no pudo ser
documentado.

Esas fotografías que nunca se tomaron en las
familias jornaleras del franquismo son,
en cierta manera,

las **"imágenes fantasma"**
de quienes existieron al margen,
en silencio.

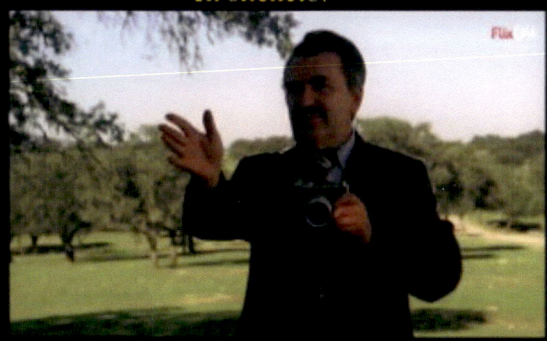

Es la prueba de que la fotografía no solo captura
la realidad, sino que es un acto de poder: decide
qué conviene ser recordado y qué puede dejarse
en el olvido.

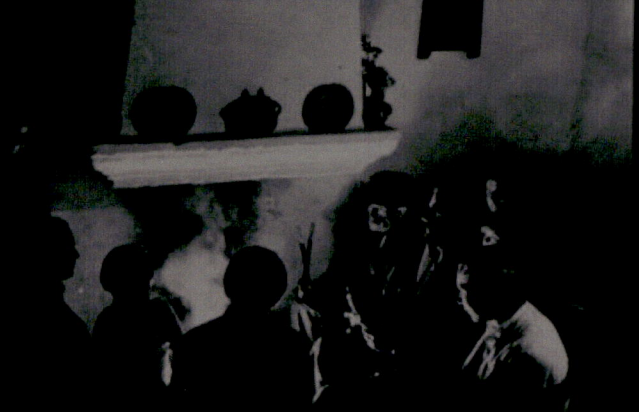

Quizá, las familias jornaleras sin cámara,
sin álbum, también tejieron una historia

propia **lejos de un aparato que las representara**.

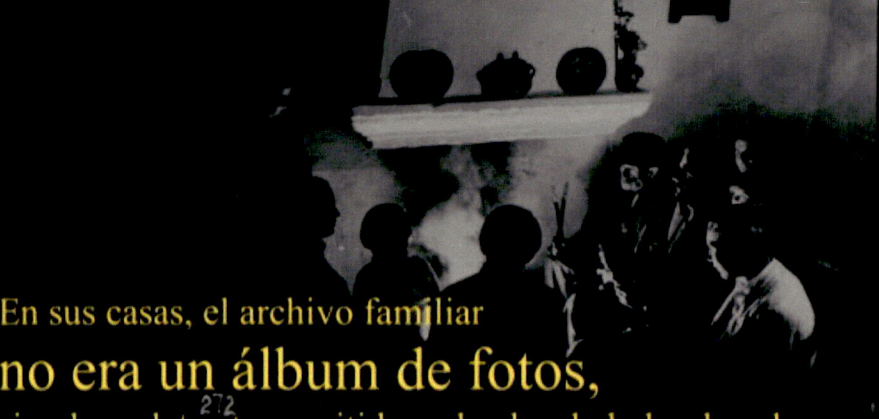

En sus casas, el archivo familiar

no era un álbum de fotos,

sino los relatos transmitidos al calor de la lumbre, las manos
tejedoras que heredaban el oficio, los rostros cargados de líneas
que hablaban por sí mismos.

Me pregunto si, en realidad,
esas imágenes inexistentes
valen menos o más que

mil palabras.

Derrida invita a ver más allá: en la ausencia de ese archivo visual
se esconde una
"violencia archivadora",
una elección sobre quién
merece ser visible y quién debe permanecer invisible.

Pienso en la gente que sí pudo retratarse,
en los álbumes familiares cuidadosamente ordenados,
en esas imágenes perfectamente encuadradas que constituyen,
de algún modo, un archivo del régimen, una forma de
proyectar la España ideal que deseaba mostrar el franquismo.

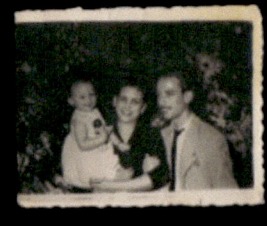

Los álbumes familiares de la clase media en el franquismo se
convirtieron en "**fotografías-testigo**" de una España uniforme
y ordenada, una narrativa visual creada casi como una proyección
del ideal de "**familia nacional**".

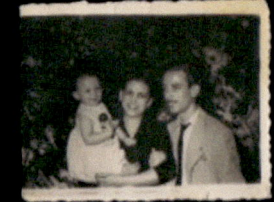

A veces, el silencio no es desconocimiento, sino

información privilegiada.

La paradoja es que, como afirma Sontag, fotografiar es también poseer la imagen;

esas familias podían "poseer" sus momentos de vida, mientras que para otras, todo quedaba en el recuerdo sin garantías de quienes las conocieron.

En esos hogares sin álbumes de fotos,
la memoria no se consolidó en papel fotográfico,
sino en una transmisión oral, en los gestos heredados,
en los relatos compartidos de generación en generación...

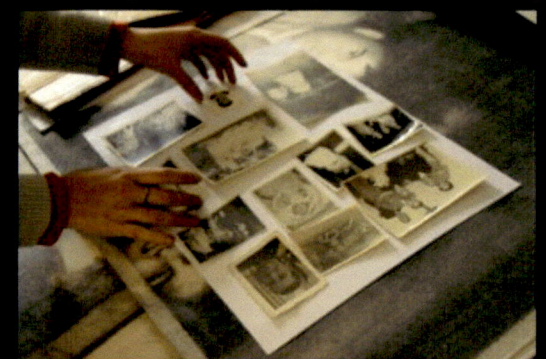

Derrida diría que estos archivos invisibles son también formas de resistencia silenciosa, una especie de archivo "imposible" que persiste en la falta de presencia visual, en un archivo que no se puede tocar pero que se percibe.

¿Cómo se reconstruye la identidad de quienes no tienen un rostro en el álbum familiar?

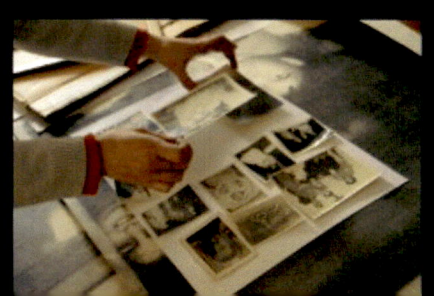

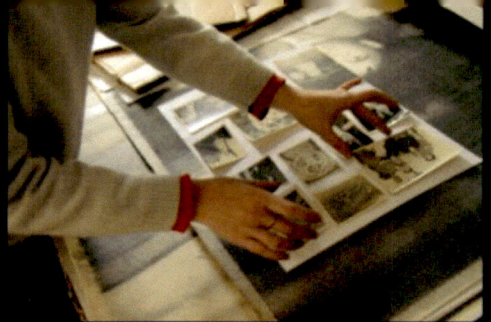

Pienso en las historias de tantas abuelas y bisabuelas que pasaron sus días trabajando, cuyos momentos álgidos no quedaron capturados en una imagen, sino en objetos cotidianos: un delantal, un pañuelo, unos pendientes, un reloj...

Huellas de vida al margen
de la representación.

Pienso en las historias de tantas abuelas y bisabuelas que pasaron sus días trabajando, cuyos momentos álgidos no quedaron capturados en una imagen, sino en objetos cotidianos: un delantal, un pañuelo, unos pendientes, un reloj...

La cámara es algo más que un dispositivo técnico, es una herramienta que,
al seleccionar, construye
y, al omitir, borra.

La verdadera historia de un álbum familiar no siempre está en
las fotos que contiene, sino en **las que no pudo contener**

El viernes 13 de diciembre de 2024, tras la inauguración de la exposición *La distancia entre objeto y sujeto* en el Centro Andaluz de la Fotografía (Almería) recibí este mensaje a través de Instagram.

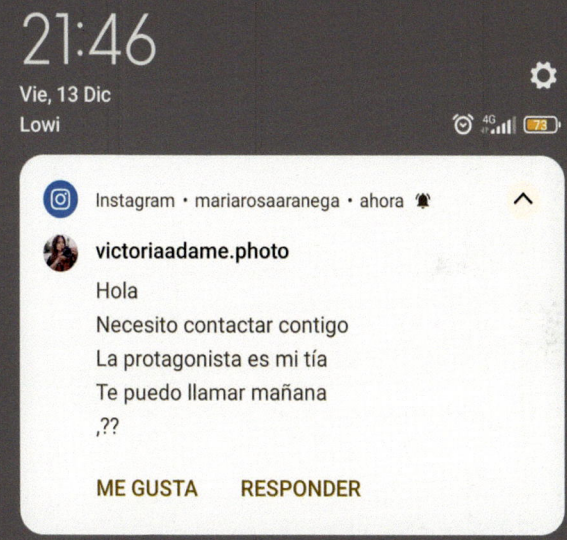

21:46

Vie, 13 Dic
Lowi

Instagram • mariarosaaranega • ahora

victoriaadame.photo
Hola
Necesito contactar contigo
La protagonista es mi tía
Te puedo llamar mañana
,??

ME GUSTA   RESPONDER

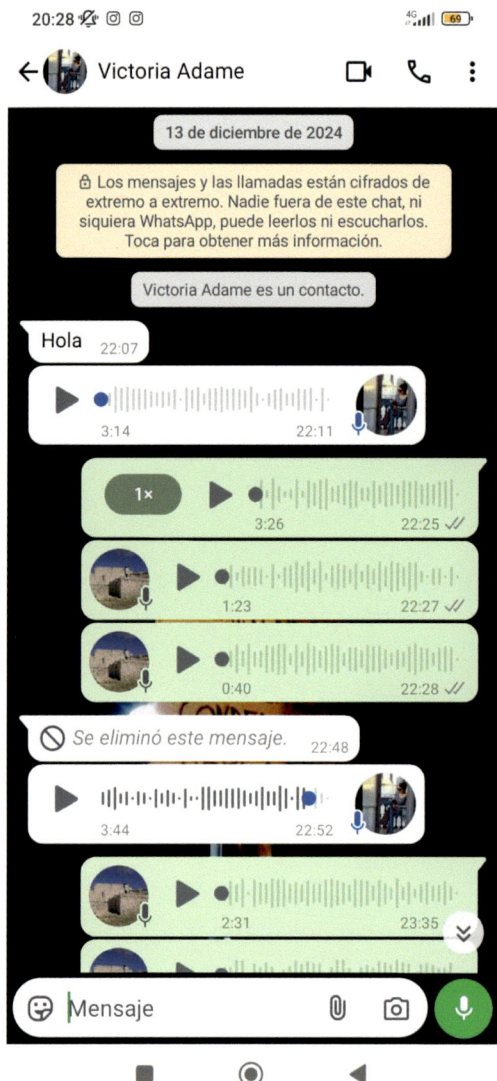

Hola, Rosa, ¿qué tal? Bueno, quizás sea un poco tarde para llamarte un viernes más tarde de las diez. Probablemente estés ya descansando con tus planes. Simplemente... Bueno, soy Victoria Adame, la fotógrafa que te ha contactado por Instagram porque resulta que ha sido como un shock.

De verdad que me he quedado helada cuando, además, estaba viéndolo con mi madre y me dice: pero si esa es tu tía Maribel. Y digo: ¡ostras! Y de repente he visto Centro Andaluz de la Fotografía... ya nos conoceremos y ya hablaremos porque, realmente... bueno, enhorabuena por tu trabajo que es maravilloso, bastante profundo. Yo, como fotógrafa, lo valoro mucho porque creo que es una forma de comunicación increíble que no todo el mundo es capaz de poder hacerlo.

Y, bueno, pues te doy la... te doy la enhorabuena. Realmente, el trabajo, no sé cómo... Tengo que verlo, me encantaría pasarme por Almería para ver cómo lo has relatado, cómo lo has reinterpretado porque me parece realmente curioso, increíble y que tú, en el 2018 comprases un álbum anónimo que te llamó la atención porque sí y, bueno, pues relatase esto. Lo que me parece muy bonito es como una comparativa que hace de familias que tenían la suerte de ser retratadas, los recuerdos más valiosos de una familia y otras no.

Y que, como tú dices, el legado verbal no es lo mismo que el legado visual, no es lo mismo tener la suerte de poder sentarte con tu familia a ver fotografías, a ver de dónde vienes, a saber el porqué, pues todo eso es riqueza para el crecimiento personal. Y es verdad que ellos sí que tuvieron esa suerte y, bueno, eso me ha gustado mucho, no he profundizado más en tu trabajo y me gustaría que, la verdad, que me lo contases. Por supuesto que nos mandases las fotos escaneadas porque no creo ni que mi tía tenga todo eso. Y mira que su padre era fotógrafo. Su padre, el que según el artículo pone que es un chico desconocido, no sé cómo lo dice en el artículo, pero ese chico se llama Juanito. Juanito era fotógrafo, Fotos Margón en Córdoba. Y era muy bueno en su trabajo.

Su hija Maribel es mi tía y es una bellísima persona, a día de hoy está flipando. Y, bueno, la verdad que sí que nos gustaría saber un poquito más de cómo la vida ha conspirado para que tú hagas un trabajo sobre ello o, al menos, socialmente, hagas una comparativa muy bonita. Creo que hablas del peso visual de los recuerdos, pero no lo sé, tendría que profundizar más. Tú cuéntame lo que quieras, que yo como fotógrafa lo voy a entender todo y me va a encantar, seguro. Un besito.

Transcripción del primer audio recibido de Victoria Adame, 13/12/2024.

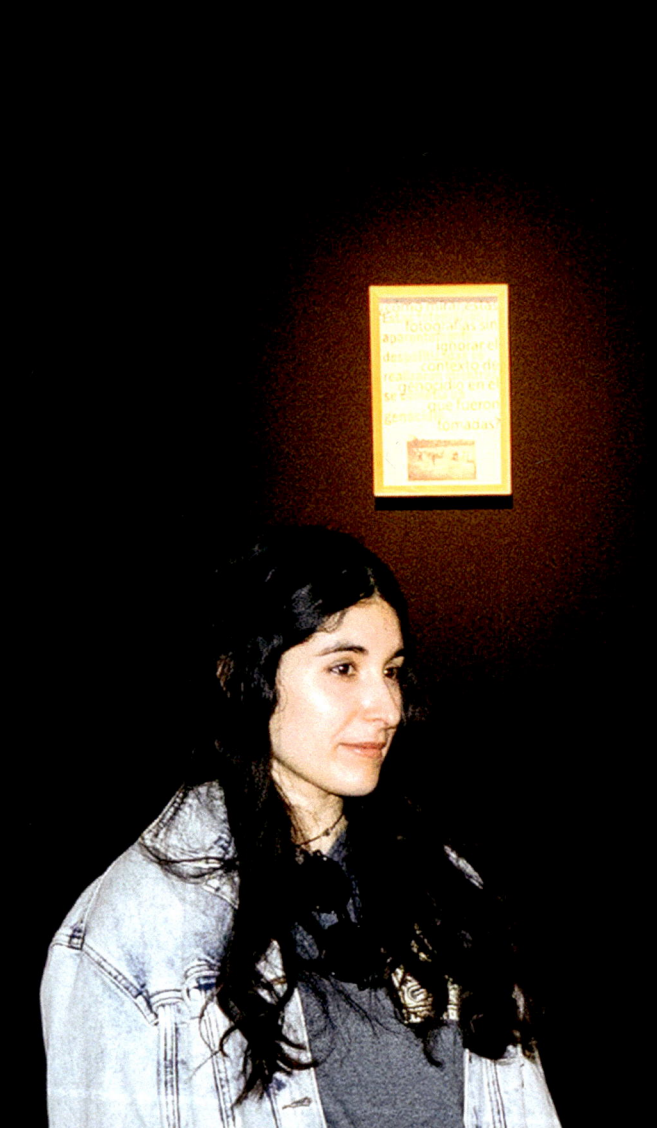

María Rosa Aránega
Almería, 1995

Graduada en Bellas Artes por la Universidad de Granada, Máster de Cultura y Paz, Educación, Conflictos y Derechos Humanos por la Universidad de Córdoba.

Su obra investiga las intersecciones entre representación, memoria, política, violencia, abusos de poder y justicia social, con un enfoque particular en la dictadura franquista y su legado. Explora la transmisión de estos eventos en diálogo con otros contextos, creando una transversalidad que conecta tiempos y territorios. A partir de la recuperación y resignificación de imágenes de archivo, genera espacios para asimilar el pasado de forma más viva, desdibujando los límites entre pasado y presente, lo personal y lo colectivo, lo familiar y lo histórico.

Trabaja principalmente con fotografía, testimonios orales y dibujo, utilizando sus cualidades gráficas y simbólicas para construir nuevas lecturas y establecer diálogos entre archivos, imágenes, hemerotecas y otros elementos aparentemente inconexos. Su objetivo es activar relatos periféricos o subterráneos que conectan con otros contextos y momentos históricos, generando sentidos críticos que permitan analizar y reconocernos en el presente como parte de un continuo histórico.

Su trabajo ha sido expuesto en el Centro Andaluz de Fotografía (Almería), Centre del Carme Cultura Contemporània (Valencia), Centro Federico García Lorca (Granada), Centro de Cultura Contemporánea Conde Duque (Madrid), Instituto de las Mujeres (Madrid), Z Jornadas de Arte de Montalbán (Córdoba) o M.A.C. Jose María Moreno Galván (La Puebla de Cazalla, Sevilla) entre otros.

Ha sido seleccionada en becas de producción y residencias como I Encuentro Andaluz de Creación Fotográfica (Almería), beca BITE of Art (Serbia), FACBA21 (Granada), en el XI Encontro de Artistas Novos (Santiago de Compostela), Fundación Antonio Gala (Córdoba), Residencia Nautilus (Lanzarote), Propuestas 2021 VEGAP (Madrid), Los Tientos (Granada), Residencia ACobert (Moià, Barcelona) y beca de residencia del Ayuntamiento de Madrid para artistas en la Residencia de Estudiantes de Madrid.

María Rosa Aránega
Almería, 1995

Aránega has a BFA from the Universidad de Granada and an MA in Culture and Peace, Education, Conflicts and Human Rights from the Universidad de Córdoba, where she has also been an honorary fellow in the Social Anthropology Department.

In her oeuvre, she explores the connections between representation, memory, politics, violence, abuse of power and social justice, especially with reference to the Franco dictatorship, how it is conveyed and how it intersects with other conflicts and contexts. She often retrieves and politicises archive images from various historical sources in order to develop spaces in which the past can be assimilated more vibrantly, posit a dichotomy of times and territories, and blur the boundaries between past and present, personal and social, individual and collective, familial and historical.

Aránega's work has been exhibited at the Centro Andaluz de Fotografía (Almería), Centre del Carme (Valencia), Centro García Lorca (Granada), Centro Conde Duque (Madrid), Instituto de las Mujeres (Madrid) and M.A.C. Jose María Moreno Galván (La Puebla de Cazalla).

She has been selected for numerous production grants and residency programmes, including the 1st Encounter of Photographic Creation in Andalusia (Almería), BITE of Art (Serbia), FACB21 (Granada), the 11th Encounter of New Artists (Santiago de Compostela), Fundación Antonio Gala (Córdoba), Propuestas 2021 VEGAP (Madrid), Los Tientos (Granada) and a grant from Madrid City Council for a residency at Madrid's Residencia de Estudiantes.

The Distance between Object and Subject

"Melancholy feeds on its own impotence" [1]

Jacques Rancière

If there is one thing that can give meaning to a work of art, it is context. In 2018, the artist María Rosa Aránega (Almería, 1995) picked up a photo album at the flea market in Córdoba. It contains family photographs in which the common denominator is a nameless youth, who usually appears in the images holding a camera. This album has accompanied Aránega to the different places where she has lived, because the artist is convinced that, at some point, those photos will have something to contribute to our perception of Spain's recent history. The album is relevant for several reasons, one of which is its strong appeal to María Rosa due to the glaring absence of photographic records of her own family's history. In *The Distance between Object and Subject*, she compares and contrasts different ways of creating family narratives. The family in this album has a rich photographic record entirely lacking in context, while others, like the artist's own family, have little or no photographic legacy of their relatives but possess a rich oral tradition that has allowed María Rosa and her loved ones to maintain a sense of identity and belonging to a shared history. In this project, Aránega also invites us to rethink certain concepts, like memory, family, tradition and even the idea of class consciousness.

The artist has lived with these images since 2018: six years safeguarding the photographic legacy of a man who is a total stranger and yet somehow familiar to her. And now he will be familiar to us as well. Even if we do not know the details of his life, we can analyse the society in which he lived. Speaking of this album, María Rosa says that "rereading it forces me to reread an entire era", and in that rereading she rearranges the images, putting them in a different order, because her real aim or priority is not to tell a true family story but to create, to weave a new narrative that invites reflections on the Spain of that period. Judging by the dates on the back of certain prints, it is highly likely that they were taken and/or developed around the 1950s.

---

1 RANCIÈRE, J., "The Misadventures of Critical Thought", in *The Emancipated Spectator*, London / New York: Verso, 2009, p. 37.

The protagonist is portrayed in ordinary situations, with his friends, happy, in casual settings but always looking neat and well-groomed. As we flip through the pages, we see the man's life unfold, following the progression expected of all young men at the time: a woman appears, who ends up becoming his wife, and in time a baby comes along. That little girl's childhood is very well documented in the album, which ends with a photograph of her as a grown woman. That is where the story seems to end. And where *the distance between object and subject* begins.

One part of the project consists of a group of seven pieces where the artist orchestrates a dialogue between some of the album photos and drawings she has included which invite viewers to question any initial assumptions they may have made about these pictures, all accompanied by a series of texts that reflect on and allude to the social inequality and disparity that existed in Franco's Spain. The second part is a diptych made of photographs not taken from the album and magazine clippings with advertisements and propaganda that convey violent and misogynistic messages. But the suggested ideas become explicit and lead to grief in the final drawing, which references a single photograph of Córdoban citizens executed by firing squad. This snapshot, taken moments before the massacre on 25 June 1936, shows the hapless prisoners with their hands in the air, and the caption provides the deplorable justification for their murder: "Purging Marxists". Finally, there is a video in which the artist talks about the thoughts and ideas that occurred to her during the research process but, as she says, "didn't fit in a drawing".

An image is never neutral, because there is no such thing as a neutral gaze. María Rosa Aránega remarks that we only notice what is visible, and for that reason taking photographs is also a political act, because it speaks of a social status and financial situation that created a deep rift between members of the same community, and we only see the faces of those who could afford to live on in images. These individuals are not personally to blame, but they do prove that history is based on what people choose to tell and omits that which is silenced. Aránega says it very clearly: "The camera, as a tool for capturing a moment, was not neutral. Those who agreed to be photographed, to be entered in the visual record of their time, did not include the hundreds of thousands of people who were summarily executed, outcast, imprisoned, exiled, humiliated or simply disappeared."

María Rosa Aránega plays with double framing. She is less interested in what appears or how people look in the image than in how the picture invites us to imagine what may have been excluded from it. The interesting thing is not the veracity of what we are seeing, but what it suggests to us. We do not know this man, his name or where he was born. Some of the background scenery pertains to the city of Córdoba, which the artist has identified as the setting of at least some of the pictures. But does the provenance of the subject and his family really matter? The photographs offer an objective vision of the portrayed subject in the sense that they reflect his real image and appearance. But they also have the ability to spark the imagination of the viewer, considering that the human mind is always searching for explanations and truth.

Having to imagine and make up a story based on a bunch of photos of a family about whom we know absolutely nothing might suggest that a lie is being told. Interpretation plays a pivotal role in this process of searching for truth to fill in the blanks of the story, and although it may be based on assumptions, as Sontag wrote, "An idea which is a distortion may have a greater intellectual thrust than the truth; it may better serve the needs of the spirit, which vary. The truth is balance, but the opposite of truth, which is unbalance, may not be a lie."[2] In other words, when we look at the photographs of this family and this subject, they truly do convey the idea of an idyllic life. The young man begins to date a lady and eventually weds her, and after a while photos of a little girl appear: they are living the dream of love, marriage and offspring cherished by every Spanish family in that era. But, paradoxically, their social standing and the constant repetition of their own likenesses did not save them from oblivion: today we know their faces, but they are nobodies. Their identities now depend not on who they were but on who we imagine they might have been.

Photography has the power to show us realities which, though foreign to us, may feel familiar. For *the distance between object and subject* is not only physical but also temporal and alludes to that space of interpretation created between the original album—a real, tangible object—and the subject—the anonymous protagonist of the photos, and anyone who boasts of seeing the work, i.e. viewers or spectators. These photographs contain the aura which Walter Benjamin once defined as "the unique apparition of a distance, however near it may be". No matter how remote the days when these photographs were taken may seem, their nearness to us is inevitable and absolute, for several reasons. Firstly, because they picture our country, Spain; secondly, because this type of image reflects a use of photography that reminds some of us of our own family snapshots; and thirdly, because the consequences of the dictatorship in power at that time are still felt in

---

2 SONTAG, S. "Review of Selected Essays by Simone Weil", *The New York Review*, 1 February 1963.

many aspects of contemporary Spanish life. Those days seem distant to people who do not feel the wounds today, but they are very near to those who are still waiting for justice to be done by correcting historical memory.

This double game the artist plays in the representation of the images is a curious thing. On the one hand we have a group of photographs that require certain specific reflections, because taking a photograph entails a necessary pause, to frame the picture (which is always intentional), to process information about its context, etc. But on the other hand, we find intentionality in María Rosa Aránega's drawings. Even though we are talking about photographic images, she translates them into drawings, and factors other than the photographic act are involved in that translation process. The time it takes the artist to construct each image allows her to think about and analyse it. But what truly and completely sets her drawings apart from the photographs is the story told in each panel and the textual frame she gives it. Not everyone was able to photographically record their experiences, but that does not mean they didn't exist, only that preserving their memory is difficult. In 1952, Henri Cartier-Bresson compared and contrasted the way literature and photography are used to tell a story. He pointed out that a writer has time to reflect: "He can accept and reject, accept again; and before committing his thoughts to paper he is able to tie the several relevant elements together." He then mentioned a much more advantageous quality, the fact that "there is also a period when his brain 'forgets', and his subconscious works on classifying his thoughts." According to Cartier-Bresson, writers are able to filter events and build memory with regard to their own mental bias, which allows them to draw many conclusions, including the possibility that their conveyed memory may not be objective. In sum, he observed, "For photographers, what has gone is gone forever. [...] We cannot do our story over again once we've got back to the hotel."[3]

This idea that a photographic image is more valid or reliable than a written account is significant. We must avoid the pitfall of assuming that stories written or passed down as oral testimony are not valuable or trustworthy, for narratives with no corroborating images are a source of crucial information. We know perfectly well that an image alone is not worth a thousand words, as it is also open to interpretation. María Rosa Aránega's works are an eloquent demonstration of the need to combine images and text, the "supposedly objective" with the "supposedly biased", for there are no absolute truths other than absolute truth does not exist. Yet there are and have been experiences

---

3   CARTIER-BRESSON, H., "Introduction to The Decisive Moment", in PETRUCK, P. R. (ed.), *The Camera Viewed: Writings on Twentieth-Century Photography*, New York: Dutton, 1979, p. 15.

that ought to be remembered, so that the trauma, pain and heinous acts of those who believe they have the right to abuse their power will not be erased from our collective memory.

On one of the pieces, we read the following: "Every image of the past is an image that threatens to disappear." Even a position of privilege or wealth proves insufficient over time if the memory of the subject ultimately fades. Then we realise that memory is the greatest privilege of all: to live on, not only in our family history but also in the identity of its members. After all, this is what we call legacy. We know that one of the most effective means of perpetuating that legacy is culture. And in order to stay afloat, that culture undoubtedly needs sufficient financial support to sustain and promote it. This is the root cause of inequality in the visibility of narratives: the dividing line between those who were able to have their stories told and those who were not. It is not hard to guess that the stories we have never heard belong to subjects who lacked the economic wherewithal to have them told; erasing the testimony of the poor is the simplest and most convenient course of action for any organisation, system or entity of authority. For this reason, we can say that history has somehow been constructed from a perspective of privilege, silencing or sidelining the vast majority of testimonies and experiences.

In order to avoid the pitfalls of prejudice and do justice to this family which has allowed us to know (or wonder about) their history, we will treat their images as mere prompts for reflecting on objective facts. The first is that the subject's access to a photographic camera in post-war Spain set him apart from the majority of the population at that time. The country had been devastated by civil conflict, although the degree of that devastation varied from place to place and did not affect all families the same way. While some could not even feed their offspring, others were able to give them a childhood that was well-nourished and well-documented in photographs. On the subject of childhood, María Rosa Aránega realised that the largest number of similar snapshots were taken of the baby girl, the couple's only child (the only one they portrayed, at least). As the artist explains in her work, "The album is one of those elements capable of revealing the ordinary manifestations that express the transformation of the concept of childhood, its social consideration, the revelation between child and adult." Children are undoubtedly a top priority for any state interested in proliferation, but every political system approaches childhood differently. Under Franco's dictatorial regime, children—and, by extension, motherhood—were considered a matter of state.

Advertising was instrumental in convincing women of the role they were expected to play in the family and in society. Naturally, a good wife would have to be a good breeder of sons and daughters for the regime. The presence of women in this photo album clearly reflects the ideals of Franco's Spain and the Christian values that dominated society at the time. In one of the pieces, where photographs of the baby appear, we see a phrase written in a striking bright red font that reads: "Mothers, you owe Spain healthy children!" The explicit male chauvinism of that era was just another tool of oppression and pressure used against women under the dictatorship. The very idea of holding them solely responsible for their children's health is reprehensible. Understanding motherhood as a duty prevented these women from exercising personal liberty; they could not be individuals because they belonged to the state, not themselves, and served a higher purpose, meaning they were instrumentalised. This is closely related to another piece which features photographs of the daughter at different stages of life. The album ends with a photo of the little girl as a woman, wearing a neutral expression that feels slightly melancholic or wistful. We do not know her story, but as a woman she would have been at risk of falling into the claws of the most abhorrent, violent, grotesque organisations designed for her sex, like the Patronato de Protección a la Mujer [Board for the Protection of Women]. The name alone suggests that, as has happened throughout history and still happens today, this institution activated a variety of mechanisms intended to intimidate and control women.

Photographs are not the only images we find here. María Rosa Aránega has created dialogues between photos and drawings that merit closer inspection. In the first, the portraits feature a handsome, smiling young man in front of the Córdoba headquarters of the insurance company La Unión y el Fénix, in a square now known as Las Tendillas but which at the time was called Plaza de José Antonio Primo de Rivera. This youth shows us one side of Spanish society under Franco: those fortunate enough to have leisure time, nice clothes and a smile for the camera. Aránega's drawing tells the unphotographed story: beneath the young man's photos, we see the faceless bodies, almost shadows, of those who had no leisure, smiles or fine attire, those not immortalised by the camera.

In every scene where the youth is accompanied, we can tell that his companions belong to the same social class. There is no mixture: selection rather than representation. In the third piece, we observe sweet, endearing scenes in recreational settings that make us belated witnesses to happy moments. The men are wearing suits and ties, smoking cigars and look very sure of themselves. The women are dressed as ladies were expected to be, in loose-fitting dresses and skirts with hems below the knee which reflect the decorum of that era, and, of course, their attitude is primmer and more formal than the men's casual confidence. These images are accompanied by a drawing of a view camera with some Agfa film rolls and the slogan, "Are you going to miss this opportunity?" Advertising also has its place here, for we must remember that promoting consumption has always been a priority of every capitalist system, but in a dictatorship, advertising slogans tend to be aligned with the ideals and aims of the totalitarian state, as we saw with regard to women. However, it is also important to keep people happy with trivial distractions, and photography is the perfect candidate. It became so popular that, in the late 1920s, photographer and historian Franz Roh remarked, "Not to be able to handle a camera will soon be looked upon as equal to illiteracy. I even believe that in schools the instruction in photography will soon be introduced in the so-called drawing lessons (while antiquated branches are dropped, let us hope)."[4]

Moreover, in the early days of the dictatorship, the state adopted a propaganda and whitewashing strategy in the arts, organising exhibitions like ¡Así eran los rojos! ¡Asesinos y ladrones! [That's What the Reds Were Like! Murderers and Thieves!], held at Madrid's Círculo de Bellas Artes in 1943. The text published for the occasion contained statements such as, "We have put art at the service of the memory which you must carry in your heart."[5] State-sanctioned exhibitions also tended to feature a neutral type of art, apparently devoid of political or social messages, and the line-up featured shows dedicated solely to still lifes, portraits or religious works. In conclusion, the idea that the general populace had of the art scene did not match the reality. But aside from the strategy implemented by the upper echelons, the greatest victory for the government was that this whitewashing extended to the people themselves, whether or not they were aware of the fact. This is precisely what we see in the photo album: it projects and portrays a vision of society which may be real but is not representative. And the danger of this process of showing/ concealing is that future generations will romanticise or idealise an era which was anything but happy for most.

Contrast is a constant in this project, in every sense, from the black and white of the photographs and drawings to the conflicting emotions elicited by the sight of a prosperous married couple alongside images of ration cards. Abundance

---

4   ROH, F., "Mechanism and Expression: The Essence and Value of Photography", in ROH, F. and J. TSCHICHOLD (eds.), Photo-Eye: 76 Photos of the Period, New York: Arno, 1973, p. 14.

5   VERGNIOLLE DELALLE, M. and SIRERA CONCA, M., La palabra en silencio: pintura y oposición bajo el franquismo, Valencia: Universitat de Valencia, 2008, p. 39.

and scarcity existed simultaneously, but the hidden reality had to be conjured up by the artist's own hand. The texts that Aránega includes in her pieces give us a very clear idea of everything the images suggest to her, bearing in mind that her artistic gaze is always accompanied by a critical attitude and deep commitment to rigour. She refers to the album images as mirages of peace and stability, which naturally contrasted with the other reality of that time: hunger, forced labour (often to the point of exhaustion and death) and repression. But she knows that this young man portrayed his own everyday life and the things he believed were worth remembering. When the object (album) landed in María Rosa Aránega's lap, the memories of the subject (the young man) disintegrated. In a way, like an *objet trouvé*, the album acquired new meaning in the hands of the artist, who has turned it into a weapon to make the invisible visible to us, so that our minds can see the discriminated image. The album has become a means of completing the knowledge which we have received, and was created, on the basis of partiality.

María Arregui Montero